Wissen rund ums Pferd

Herausgegeben von

Ursula Bruns

Marlit Hoffmann

Was tun mit jungen Pferden?

Mit 81 Zeichnungen der Verfasserin
und 25 Fotos

3. Auflage, mit zusätzlicher Foto-Serie:
Die normale Fohlengeburt

Albert Müller Verlag
Rüschlikon-Zürich
Stuttgart · Wien

Weitere Bände der Reihe «Wissen rund ums Pferd»:
Fritz Rödder: *Ohne Huf – kein Pferd*. Hufpflege – Hufbeschlag – Hufkrankheiten. 3. Auflage.
Jutta v. Grone: *Die Pferdeweide*. 2. Auflage.
Marlit Hoffmann: *Schaunummern mit Pferden*.

Umschlagfoto: Elisabeth Weiland
Zeichnungen: Marlit Hoffmann
Fotos: Abb. 65, 67, 68, 78, 83: Ursula Bruns. – Abb. 76a: Ernst Troß. –
Alle übrigen Fotos: Karl Hoffmann.

Inhalt

Einleitung: Notwendige Überlegungen

Jedes Fohlen sieht entzückend aus, wenn es verspielt um die grasende Mutter herumspringt und lustige Bocksprünge macht; rührend, wenn es am Euter trinkt und sich danach zum Verdauungsschlaf hinlegt – ab und zu wackelt ein Ohr, das Schwänzchen schlägt nach einer frechen Fliege. Bald springt es wieder auf die Beine und läßt sich gerne am Hals oder der Kruppe kraulen. Wer möchte solch ein niedliches, lebensfrohes Geschöpf nicht besitzen? (Ob es aber noch so niedlich ist, wenn es ohne die schützende Nähe der Mama zu fremden Leuten kommt?)

Gerade einen solchen Spielgefährten suchen die Kinder, die ja wirklich wegen der Beanspruchung durch Schule und Hausaufgaben zu wenig an die frische Luft kommen. Klar doch, daß sie «ihr» Fohlen selbst versorgen werden! (Vergaßen sie nicht auch den Kanarienvogel nach 3 Wochen zu füttern?)

Außerdem betteln die Kinder schon lange um ein eigenes Fohlen, weil der Schulfreund auch eines besitzt. (Und schon lange keinen Spaß mehr daran hat, weil die Eltern nicht mitmachen.)

Und im Jugendbuch der Tochter heißt es – was sie Ihnen natürlich brühwarm erzählt –, wie genügsam ein Fohlen oder Pony ist: Es wird sogar als lebender Rasenmäher gerühmt. Sofort fällt Ihnen der große Baumgarten ein, der mehrmals im Jahr gemäht werden muß. Nach dem zeitraubenden Schnitt muß jedesmal das Mähgut zusammengerecht und weggeschafft werden. In Zukunft wird also das kleine Pferd auf bequeme Art den Vor- und Baumgarten sauber halten! (Wenn es nur nicht die Obstbäume anknabbern würde und soviel Mist ins beste Gras fallen ließe! Und Winterfutter und Unterstand braucht es auch – das stand nicht im Buch der Tochter!)

Außerdem ist ein Fohlen natürlich viel preiswerter als ein ausgewachsenes und zugerittenes Pferd. Selbst der Nachbar meint, daß das Anreiten später sicher nicht allzu schwer ist und das Jungpferd bestimmt schon mit zwei Jahren geritten werden kann, wenn man es jetzt nur tüchtig füttert. (Aber die Aufzucht kostet auch Geld, und es dauert lange, bis das junge Pferd «genutzt» werden kann – keinesfalls vor dem vollendeten dritten Lebensjahr!)

Lesen Sie dann noch in der Lokalzeitung, daß ganz in der Nähe mehrere Fohlen preiswert angeboten werden, dann kaufen Sie eines der besonders wertvollen, «fast geschenkten» Fohlen. (Und machen sich möglicherweise keine Gedanken, warum die jungen Pferde so billig angeboten werden!)

Daß das ausgewählte Fohlen bisher noch nichts lernte, weder Impfungen noch Wurmkuren noch Hufpflege kennt, schreckt Sie nicht. Sie haben Ihren Hund auch als Welpen gekauft und zu einem braven, brauchbaren Hund erzogen. (Das heißt noch lange nicht, daß Sie auch ein Pferd erziehen können!)

Da haben wir also die Beweggründe aufgeführt, die so oft zum Kauf eines Fohlen führen. Und haben gleich in Klammern dazugesetzt, was es damit für eine Bewandtnis haben kann – dann nämlich, wenn es Ihr erstes Fohlen ist, das Sie da zur eigenen Aufzucht anzuschaffen gedenken!

Haben Sie allerdings bereits einige Erfahrung im Umgang mit Pferden und Fohlen und möchten nun gern ein eigenes aufziehen und nach Ihrer Vorstellung erziehen, und haben Sie und die Familie genügend Freizeit, die Sie mit jungen Pferden zusammen draußen verbringen wollen: Dann gilt für Sie das Eingeklammerte nicht. Was Ihnen an speziellen Kenntnissen noch fehlen mag – nun, auch Ihnen möchte dieses Buch da nützlich sein.

Insbesondere aber soll das Buch dem Neuling in der eigenen Pferdehaltung helfen, der sich mit dem Kauf eines Fohlens sonst vielleicht auf ein Abenteuer einläßt. Wie gesagt: Die genannten Beweggründe sind mit Vorsicht zu betrachten! Allzu leicht gibt es sonst statt der großen Freude die große Enttäuschung. So sieht's dann aus:

Das hübsche kleine Fohlen, das sich auf der Koppel beim Züchter so zutraulich kraulen ließ, ist gekauft. Heute bezieht es sein neues, eilig eingerichtetes Zuhause. Aber . . .

Aber ohne seine Mama ist das Fohlen nun gar nicht mehr so freundlich; es fühlt sich einsam und ängstigt sich in der neuen Umgebung. Bereits nach wenigen Stunden stehen die Fohlenbesitzer hilflos da: Das vorher so reizende, verspielte, unbekümmerte Fohlen springt plötzlich wild umher, beißt und schlägt aus und ruft verzweifelt nach seiner Mama.

8

Es sucht Lücken im Zaun, um zu entwischen, und knabbert aus Langeweile überall herum. Es gibt nur dann Ruhe, wenn Sie oder Ihre Kinder bei ihm sind, es kraulen und mit ihm sprechen. Bald sieht es dann im Menschen den Spielkameraden, den es mit Zwicken und Austreten zum Spiel animiert. Diese Aufforderungen werden täglich derber, und Sie bringen es nicht übers Herz, das «arme, einsame» Fohlen zurechtzuweisen.

Das junge Pferd aber spürt schnell die Gutmütigkeit, Nachsicht und Ahnungslosigkeit des Unkundigen und nutzt sie aus: Es spielt sich bald als Chef auf und wird aggressiv gegen seinen Besitzer, sobald der seinen Wünschen im Wege steht.

Und nach wenigen Wochen mag sich niemand mehr mit ihm beschäftigen, weil jede Begegnung schmerzhafte blaue Flecken einbringt. Bald haben die Kinder kein Interesse mehr am neuen Hausgenossen. Auch Sie würden abends lieber vor dem Fernsehapparat sitzen, statt sich mit dem ungezogenen Wildfang auseinanderzusetzen. Was wird nun? Wie konnte es überhaupt soweit kommen? Wie machen es die anderen Fohlenbesitzer, die anscheinend glücklich mit den jungen Pferden sind? Ja eben, das ist die Frage: Was tun mit jungen Pferden?

Früher gehörten Pferdezucht und Fohlenaufzucht zum bäuerlichen Alltag; die Jungtiere wuchsen neben den Müttern und mit den Müttern in die regelmäßige Arbeit hinein.

Das dreijährige Pferd, das später zum Verkauf angeboten wurde, war fast immer eingefahren und angeritten; es kannte den Hufschmied und akzeptierte den Menschen als Chef, dem es sich willig fügte.

Heute dagegen züchtet jedermann, weil er meint, seine Stute könne neben der Arbeit als Reit- oder Fahrpferd in jedem Jahr noch ein Fohlen bringen. Mit dem Fohlenverkauf erhofft man großen Gewinn. Züchten ist ja «so einfach»: Die Stute wird zur rechten Zeit zum Hengst gebracht und nach ungefähr 11 mühelosen Monaten wird dann das Fohlen geboren.

Anfangs ist alles wunderbar – bis das Füllen die ersten Probleme bringt: Es respektiert die Zäune nicht, knabbert die kostbaren Obstbäume an und entwickelt sich nicht so wie erhofft.

Es wird lästig, weil man es nicht überallhin mitnehmen kann; aber alleine bleibt es auch nicht zu Hause. Außerdem zwickt es aus lauter Übermut und schlägt aus – es hat ja keine gleichaltrigen Spielgefährten.

Hier ist der «Auch-Züchter» einfach überfordert. Er hat eben nie gelernt, wie man mit Fohlen umgeht, unterschätzt die Kraft eines jungen Pferdes. Er läßt sich leichtsinnig in Kämpfe ein, die er nur verlieren kann – es sei denn, er greift schließlich zur rohen Gewalt.

Welche Konsequenz zieht dieser «Züchter»? Er versucht, den Störenfried so schnell wie möglich zu verkaufen; je früher, desto besser. Zumal die Stute ja wieder tragend ist.

Das Fohlen hat nichts gelernt, den «Züchter» kümmert es nicht, was nach dem Verkauf aus ihm wird. Kommt der Käufer – vielleicht Sie! – gar nicht mit dem Fohlen zurecht, findet auch keine Hilfe, keinen echten Rat im Bekanntenkreis, wird er es schleunigst wieder verkaufen wollen. Um es schnell loszuwerden, gibt er es auch mit Verlust ab. Und das arme, völlig unsichere junge Pferd wird einen neuen Besitzer finden, der einem günstigen Pferdekauf nicht widerstehen kann . . .

Doch genug der Warnungen! Sie haben alles erwogen und sind nun entschlossen, ein Fohlen zu kaufen. Das Aufziehen Ihres Fohlens soll ein wunderbares, beglückendes Erlebnis werden: Sind es doch die selbstaufgezogenen Pferde, zu denen man einen besonders engen Kontakt hat.

Ich selbst fing die eigene Pferdehaltung mit der Aufzucht von Fohlen an. Weitere Dazugekaufte waren, bis auf eine Ausnahme, immer wieder Fohlen. Und ich würde es heute wieder genauso machen. Ich kenne die Eltern des ausgewählten Fohlens, weiß um ihre Vorteile und Besonderheiten. Der Züchter ist mir bekannt, und ich schätze seine Art, wie er mit den Pferden, speziell den Fohlen, umgeht. Ich kann mir zeigen lassen, wie ich meine neuen Hausgenossen behandeln muß. Bei Problemen – die bei jedem ersten Fohlen ganz sicher auftauchen – ist solcher Züchter für einen Rat zur Hand.

Nun kann ich das Fohlen nach meinen Vorstellungen aufziehen. Was später aus ihm wird, habe ich selbst zu verantworten.

Sicher spielt die Veranlagung des Jungpferdes eine Rolle. Aber ein Fohlen ist noch leicht zu beeinflussen: Den gewünschten Charakterzug versuche ich zu unterstützen und zu fördern. Was mir am Fohlen nicht gefällt, versuche ich durch Ablenken und intensive Beschäftigung umzuformen.

Wieviel Freude haben wir mit unseren Fohlen, unseren jungen und alten Pferden. Mit welcher Selbstverständlichkeit bewegt sich unsere kleine Tochter zwischen den viel größeren Ponys, die sie als Ranghöhere durchaus akzeptieren.

Als Saugfohlen, oft schon bei der Geburt lernen sie uns kennen und respektieren. Wir können unsere Jungtiere überallhin mitnehmen und haben mit dem Anreiten und Einfahren kaum Probleme.

Denn wir beschäftigen uns gerne und intensiv mit dem Jungvolk, das in den Jahren von der Geburt bis zur späteren Arbeit bereits viel gelernt hat.

Unsere Fohlen müssen nicht täglich ein bestimmtes Arbeitspensum bewältigen. Im Sommer leben sie mit anderen Jungpferden zusammen auf großen Weiden. Dort raufen sie miteinander, bestehen Rangordnungskämpfe und lernen bereits soziales Verhalten.

Im Winterhalbjahr, wenn wir mehr Zeit haben und die jungen Pferde im kleinen Winterauslauf wohnen, freunden wir uns erneut an und arbeiten gerne miteinander. Fohlen finden es interessant, wenn man sich mit ihnen beschäftigt, und gerade das erleichtert die Arbeit: Sie sind neugierig und verfolgen gespannt jede Handbewegung. Sie schauen zu, wenn etwa Heu aus der Scheune geholt wird, und «helfen» mit beim Mistsammeln. Was macht's, wenn dabei mal eine Schubkarre umfällt. Die erschrockenen Fohlen laufen weg; aber kaum beginnt man schimpfend die Mistbollen wieder aufzusammeln, sind die kleinen Kobolde wieder da. Ein Pferd, vor allem ein junges, braucht Vertrauen und Geborgenheit. Wer außer der Mutterstute kann sie den Fohlen mehr bieten als der Pfleger, der täglich – zumindest im Winterhalbjahr – um die kleinen Pferde besorgt ist, sie füttert, streichelt und mit ihnen spricht!

Pferde sind Herdentiere, denen man bitter Unrecht tut, wenn man sie irgendwo alleine «vergißt». Wen kann es wundern, wenn solch ein einsames Fohlen schwierig wird – ohne Gefährten, mit dem es sich den ganzen Tag, die ganze Nacht beschäftigen, mit dem es herumtoben, raufen und schmusen kann.

Pferde akzeptieren den Menschen als «Artgenossen», als Ranghöchsten der Herde, als Chef. Sie sind bereit, sich ihm unterzuordnen. An Körperkraft ist der Mensch zwar bereits einem Pony unterlegen; aber mit Hilfe des Verstandes kann und muß er zum Ranghöchsten aufsteigen. Das erreicht er durch Verständnis für die Reaktionen des Fohlens, durch Konsequenz und Einfühlung im Umgang mit ihm ... aber eben nicht von heute auf morgen.

In dieser Zeit, in der die jungen Pferde noch leicht zu beeinflussen, zu formen sind und gerne und willig lernen, sollen sie auch die wichtigsten Grundregeln begreifen, ohne die Pferd und Mensch nicht miteinander auskommen können.

Hier ist gegebenenfalls das ideale Betätigungsfeld für den Großvater, der früher vielleicht noch selbst Umgang mit Pferden hatte. Er ist jetzt Rentner und hat viel Zeit, die der Familienvater nicht oder nur schwer aufbringen kann. Er kannte vor Jahrzehnten zwar nur den Umgang mit ausgewachsenen Pferden und überhaupt mit anderen Pferdeschlägen. Aber sicher wird er sich mit Fohlen und jungen Pferde anfreunden. Er wird gerne beim Füttern helfen und manchen guten Rat bei Pflege und Krankheiten wissen.

Und mit dem Opa werden Enkelkinder für Pferde begeistert. Sie lernen regelmäßige Pflichten zu übernehmen, mit einem Lebewesen umzugehen und die Zeit, die auch ein Schulkind oder Lehrling hat, mit sinnvoller, befriedigender Beschäftigung auszufüllen. Wenn Opa und Enkel gemeinsam bei den jungen Pferden arbeiten, ist vom Generationskonflikt nichts mehr zu spüren. Da wird gemeinsam geplant und gezimmert. Der Enkel lernt die Wiese düngen und mit der Sense umgehen – es müssen zum Beispiel Brennesseln abgemäht werden. Und der Großvater ist glücklich, daß er seine Kenntnisse und seine Erfahrung weitergeben kann.

So oder ähnlich – je nach der persönlichen Situation – kann es zugehen: jedes Familienmitglied kann mitmachen. Was wäre für sie alle beglückender, als die Fohlen zu prächtigen Pferden heranwachsen zu sehen, zusammen das Jungvolk behutsam anzulernen und gemeinsam die Aufgaben zu bewältigen, von denen nun die Rede sein soll.

I. Sie haben ein junges Pferd gekauft

Noch steht Ihr Neuerworbenes wohlversorgt beim Züchter. Aber Sie wollen es natürlich so schnell wie möglich nach Hause holen. Nun müssen Sie die ersten Anschaffungen tätigen – bevor das Jungpferd zu Ihnen kommt.

Erste Anschaffungen

Als erstes brauchen Sie ein solides *Stallhalfter*, am besten aus breitem Leder, mit vielen stabilen Schnallen (Abb. 1). Gerade beim jungen Pferd unter 2 Jahren kann sich die Kopfform

Abb. 1

noch erheblich ändern: Die Ganaschen werden ausladender, Stirn und Nasenrücken breiter und der gesamte Kopf länger. Viele Schnallen erlauben, das Halfter immer anzupassen. Dazu gehört ein stabiler Führriemen mit *Panikhaken* (Abb. 2). Halfter und Führriemen werden in verschiedenen Ausführungen, verschiedenen Materialien und farbenfroh angeboten: in Leder, das auch heute noch gerne gekauft wird; oder in Kunststoff, als breites Band oder gedrehtes Seil zu Halfter und Führriemen verarbeitet. Was Sie kaufen, bleibt Ihrem Geschmack und

13

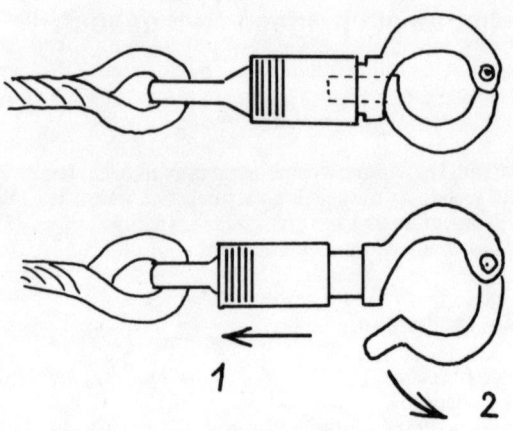

Abb. 2

Geldbeutel überlassen. Wichtig ist jedoch, daß gerade für ein junges Pferd nur Halfter aus breitem, stabilem Material in Frage kommen, die das noch unerfahrene, lebhafte Fohlen nicht am empfindlichen Kopf verletzen können.

Minihalfter (Abb. 3), die man sehr preiswert bekommt, bleiben *nur* dem älteren Pferd als kurzzeitiges Anbindehalfter vorbehalten.

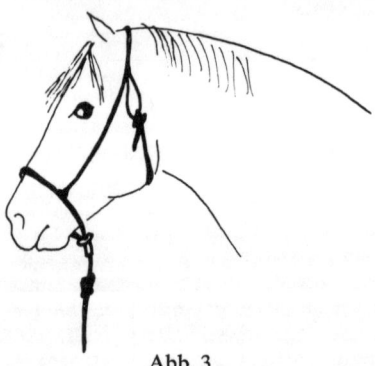

Abb. 3

Kinder fertigen gern aus Bindegarn (Dreschkordel) selbst Halfter an, den Araberhalftern nachgeahmt und mit farbigen Troddeln geschmückt; diese sehen zwar niedlich aus, sind aber für ein junges Pferd oder Pony selten stabil und sicher genug. Also Vorsicht damit!

Eine *Anbindekette* mit Panikhaken zum Anbinden an einem in Widerristhöhe in der Stallwand angebrachten Eisenring ermöglicht das sichere Festhalten bei Putzen und Hufpflege, Impfungen und Wurmkuren.

Ein *Putzsortiment* ergänzt die Erstausstattung für Ihren neuen Hausgenossen: Gummistriegel, Kardätsche und Wurzelbürste, 2 Schwämme, Fellreiniger, Hufkratzer, eventuell noch Gummihandschuhe, Kaktustuch, Schweißmesser, Mähnenkamm.

Versicherungen

Mit dem Kauf geht das junge Pferd in Ihr Eigentum über. Sie tragen ab *sofort* das Risiko für alles, was mit dem Tier zusammenhängt.

Die Gesetzgebung schreibt dem Tierhalter, das heißt dem *Tiereigentümer,* die Haftung zu, also – in unserem Fall – nicht mehr dem Züchter, bei dem Ihr Pferd noch steht, sondern Ihnen. Zu viele Züchter handeln da leichtsinnig und machen den Käufer nicht darauf aufmerksam. Wenn das Jungpferd einen Schaden verursacht, streiten sich die Beteiligten dann vor Gericht, wer denn nun den Schaden zu verantworten hat.

Ihr Pferd, auch wenn es vorläufig noch beim Verkäufer steht, kann eben doch Schäden verursachen, für die Sie dann persönlich haften; es sei denn, sie hätten dem Verkäufer als »Tierhüter« auch die Verantwortung für das Pferd übertragen (Haftung des Tierhüters). Besprechen Sie deshalb den Pferdekauf sofort mit Ihrem Versicherungsvertreter. Er wird Ihnen eine *Tierhalterhaftpflicht-* zusätzlich zur Privathaftpflichtversicherung anbieten. Sie gewährt im Schadensfall Schutz gegen unberechtigte Forderungen, bei berechtigten Forderungen Entschädigung.

Darüber hinaus können Sie eine *Tierlebensversicherung* abschließen, die je nach Versicherungsumfang finanzielle Entschädigung leistet bei Tod, Nottötung, Diebstahl, dauernder Unbrauchbarkeit, Zuchtuntauglichkeit und anderem mehr. Diese Versicherung ist zwar teuer – aber bedenken Sie, daß bei einem Jungpferd gerade die ersten Wochen in neuer Umgebung die größten Risiken mit sich bringen: Fütterungsfehler können den Tod durch Kolik bedeuten, Ausbruchversuche zu Dauerschäden an den Pferdebeinen führen, ein Sturz beim Verladen in den Transporter zum Genickbruch.

Zum Glück sind Unfälle mit derart schwerwiegenden Folgen selten. Doch schließen Sie wenigstens für das erste Jahr des Jungpferdes bei Ihnen solche Lebensversicherung ab. Mit zunehmendem Alter und der Gewöhnung des Jungtieres an die neue Umgebung mindert sich das Unfallrisiko. Die Lebensversicherung, sollte sie Ihnen zu teuer sein, können Sie dann kündigen (vorausgesetzt, die Laufzeit und das Kleingedruckte des Vertrages sagen nichts anderes).

Reiten und Fahren bedeutet nach der allgemeinen Rechtsprechung keine Erhöhung des Unfallrisikos für den Menschen, so daß eine bereits abgeschlossene *Unfallversicherung* nicht geändert werden muß. Sprechen Sie trotzdem mit dem Versicherungsvertreter auch darüber!

Weitere Zusatzversicherungen, zum Beispiel die Betriebshaftpflichtversicherung, sind möglich, aber nur bei größerer Pferdehaltung oder Pferdeverleih erforderlich.

Alle Absprachen mit den Versicherungsvertretern bedürfen der schriftlichen Bestätigung. Achten Sie bitte darauf! Denn mündliche Zusagen und Absprachen sind im Schadensfall bedeutungslos. Das gilt auch für die »vorläufige Deckungszusage«, auf der Sie bestehen sollten: Im Normalfall tritt die Versicherung nämlich erst nach Ausfertigung des Versicherungsscheines und Zahlung der ersten Prämie (was mehrere Wochen dauern kann) in Kraft.

Allgemeine Vorbereitungen

Stall, Auslauf, Weidezäune und Schutzhütte sollen hergerichtet sein und vor der Ankunft des neuen Haustieres gründlich nachgesehen werden: Herausragende Nägel oder Eisenteile, scharfe Holzkanten oder Splitter werden beseitigt. Der Schlafplatz frisch eingestreut. Warten Sie mit diesen Arbeiten nicht, bis das Neue bereits den Stall bezogen hat: Sie würden das Pferd, das sowieso infolge der ungewohnten Umgebung und der fremden

Menschen unsicher ist, durch geräuschvolles Arbeiten und Hantieren mit Schubkarre oder Gabel noch mehr ängstigen.
Futter für die nächsten Wochen liegt trocken und wohlverwahrt bereit; für ständig frisches Wasser ist gesorgt, und ein Leckstein hängt regengeschützt im Stall.
All dies kontrollieren Sie auch dann, wenn Ihr Pferd zu Bekannten in Pension kommt. Das junge Tier ist jetzt *Ihr* Eigentum, hat *Ihr* Geld gekostet. Und Sie wollen doch sicher jede Verletzungsgefahr, jeden Schaden am Pferd vermeiden.

Die «Personalakten» Ihres Pferdes

Vom Vorbesitzer erhalten Sie bei Bezahlung die Papiere des Pferdes (falls vorhanden), zu denen der Impfpaß gehören sollte. Legen Sie sich gleich einen eigenen Aktenordner für die Neuerwerbung an. Dort werden der Abstammungsnachweis (gesondert in Klarsichthülle, weil er bei Verlust nicht ersetzt wird!), der Kaufvertrag samt Zahlungsquittung, Impfpaß, Versicherungspolice sowie Weide- und Stallpachtverträge aufbewahrt und sind damit stets sofort verfügbar.
Wenn Sie gleich einen «Personalausweis und Gesundheitsplan» für Ihr Pferd anlegen, so werden Sie in Zukunft Impfungen, Wurmkuren oder den nächsten Gang zum Hufschmied nicht versäumen und alle erforderlichen Angaben übersichtlich zur Hand haben.

Dieses Aktenstück heften Sie aus vier DIN-A5-Blättern, kariert, zusammen:
Auf Blatt 1 stehen alle Angaben zum Pferd, wie Name, Abstammung, Züchter, Besitzer, Farbe, Abzeichen, wenn vorhanden weitere unveränderliche Kennzeichen, ergänzt durch ein «Paßfoto», das nicht die Schönheit des Pferdes zeigen muß, sondern die Besonderheiten deutlich erkennen läßt (z. B. weißes Abzeichen in Rautenform auf der Stirn).
Auf Blatt 2 legen Sie zwei Spalten an:
1. Impfungen (z. B.: 19. 4. Tetanus);
2. Krankheiten, mit Arzneien und Behandlung (z. B.: 12. 10. Lahmheit, geschwollene Sehne vorn links, kühlender Verband über eine Woche, dann 14 Tage Schonung).
Auf Blatt 3 ebenfalls zwei Spalten:

1. Wurmkuren und Wurmmittel (z. B.: 29. 12. . . .).
Junge Pferde 4–6mal im Jahr entwurmen!
2. Hufschmiedearbeiten (z. B.: 18. 2. Berunden).
Auf Blatt 4 ebenfalls zwei Spalten:
1. Teilnahme und Erfolge an sportlichen Veranstaltungen (z. B. Langstreckenritt, Fuchsjagd, mit Ort und Datum);
2. Züchterische Erfolge (z. B. Schau, Prämierung, Ausstellung, mit Ort und Datum).
Diese Personalakte liegt im Ordner obenauf und ist jederzeit griffbereit. Sie erfüllt natürlich ihren Zweck nur, wenn sie stets sofort nachgeführt wird!
Bei schlimmen Verletzungen zum Beispiel wissen Sie gleich, wann die letzte Tetanusimpfung gegeben wurde und ob sie eventuell wiederholt werden muß. Je nach Erkrankung des Pferdes wird der Tierarzt nach der letzten Wurmkur und dem verabreichten Mittel fragen. Und bei Diebstahl müssen Farbe und Abzeichen sowie besondere Kennzeichen genau geschildert werden: nun erleichtert das «Paßfoto» die Suche nach dem Tier.
Legen Sie dem Aktenordner noch sämtliche Rechnungen und Quittungen über Lederzeug, Futterkauf, Pachtzins, des Hufschmieds und Tierarztes und so weiter alphabetisch und nach Jahr geordnet bei. So haben Sie eine genaue Kostenübersicht über einmalige (z. B. Halfter) und über regelmäßige (z. B. Hufschmied) Ausgaben.
Jetzt sind alle wesentlichen Vorbereitungen getroffen.

II. Das Jungpferd kommt

Im Idealfall wird Ihnen der Vorbesitzer das junge Tier bringen und mit ihm eine Fülle von guten Ratschlägen und Tips. Sie können in der Aufregung nur wenig behalten, deshalb schreiben Sie sich am besten alle Hinweise auf. Auch wenn es Ihnen momentan unwichtig vorkommt, schauen Sie sicher nach wenigen Tagen gerne auf der Liste nach.

Wichtig sind vor allem die Futterhinweise des Vorbesitzers; denn durch abrupte Futterumstellung (z. B. von Heu auf Weide) kann das Pferd Durchfall oder gar Kolik bekommen und schon nach wenigen Stunden im neuen Zuhause schwer erkranken.

Richten Sie sich also zunächst nach dem, was der Vorbesitzer Ihnen rät; später können Sie Ernährung und Behandlung und Pflege nach Ihren Wünschen umstellen.

Falls Sie Ihr Jungpferd selbst holen müssen, bitten Sie einen Autofahrer, gegebenenfalls Ihren Bekannten, der schon Erfahrung im Umgang mit Pferden und einen Pferdetransporter besitzt. Oder nehmen Sie die Dienste eines spezialisierten Transportunternehmens in Anspruch. Scheuen Sie keinesfalls die Ausgaben für einen ordentlichen Transport; denn gerade beim Verladen kann so viel falsch gemacht werden, so viel am Jungpferd verdorben werden. Das Ausbügeln der Fehler wird dann oft teurer als die Kosten für einen pferdegerechten Transport.

Gewöhnen an die neue Umgebung

Nun zeigen Sie dem Neuling unter freundlichem Zureden den Stall, der ja sein Zuhause, seine Zuflucht werden soll. Führen Sie ihn am Zaun entlang, damit er die Grenze seines neuen Reiches gleich erkennt. Bringen Sie ihn zur Wasserstelle. Überzeugen Sie sich, daß er dort trinkt, gegebenenfalls die automatische Tränke bedienen kann.

Die nächsten Tage – nie nachts – behält er das vorerst stramm sitzende Stallhalfter an – nur so können Sie ihn schnell packen, wenn es nötig ist. Aber bitte kontrollieren Sie, ob er mit dem Stallhalfter nirgends hängenbleiben kann!

Beobachten Sie das Jungpferd: ob es den Zaun respektiert (dessen Art und Höhe Sie vor dem Bau mit dem Vorbesitzer besprachen) und wie es auf die Trennung von seinen Weidegefährten reagiert.

Über Nacht, wenn Sie nicht ständig nach ihm schauen können, sperren Sie es am besten ohne Halfter ausbruchsicher im Stall ein. Schließen Sie die Stalltüre während der nächsten Nächte, auch wenn das junge Pferd schwitzt.

Sobald es nicht mehr ständig wiehert und unruhig auf und ab läuft, sondern sich eifrig und ausdauernd mit dem Futter beschäftigt, hat es sich eingewöhnt.

Eingliedern in die neue Weidegemeinschaft

Sie wissen, daß Pferde von Natur Herdentiere sind. Es ist eine Qual für ein Fohlen, alleine Stall und Weide zu bewohnen. Pferde brauchen zur Zufriedenheit die Nähe des Weidegefährten; nur so können sie soziale Fellpflege betreiben, sich also gegenseitig an den Stellen kraulen, die sie selbst mit den Zähnen nicht erreichen.

Sicher kann ein junges Pferd auch mit anderen Haustieren Freundschaft schließen, als Ersatz sozusagen für den fehlenden Weidegefährten: Schafe, Esel, Hunde, seltener Katzen können zu «dicken Freunden» von Pferden, vor allem von Fohlen werden. Aber den stärksten Bewegungsanreiz geben doch nur die gleichaltrigen Pferde.

Haben Sie nun bereits Pferde oder stellen Ihr neues zu anderen auf die Weide – etwa beim Nachbarn –, kann es zu mancherlei Problemen kommen: Ein fester Herdenverband ist einem Neuen gegenüber abweisend und aggressiv.

Ist das Neue ein Fohlen oder Jährling, wird es den «Alteingesessenen» gegenüber ein Unterwürfigkeitsgesicht zeigen: Bei fast waagrechtem Hals streckt es den Kopf vor, entblößt etwas die Zähne und «kaut», wobei die Zähne laut aufeinanderklappen (Abb. 4). Mit dieser Demutsgeste bringt es seine Unterlegenheit, seine Unterwürfigkeit den anderen gegenüber zum

Abb. 4

Ausdruck und wird dann von ihnen nur noch wenig gejagt oder weggeschubst.

Schwieriger wird es, wenn das Neue ein zwei- oder dreijähriges Jungpferd mit ausgeprägter Persönlichkeit ist. Sicher will es nicht ein rangniedrigeres Herdenmitglied sein, sondern sucht sich gleich zu behaupten. Das kann zu heftigen Rangordnungskämpfen führen, die der Mensch mit der Peitsche zwar vorübergehend unterdrücken, nicht jedoch verhindern kann. Besser ist es, gar nicht einzugreifen.

Deshalb sollte das Neue mit einem recht ranghohen Pferd der Herde, wenn möglich sogar mit dem Herdenchef, für eine Woche separat auf eine entfernte Weide gestellt werden, außer Sicht- und Rufweite der anderen Pferde (das kann je nach Gegend – Gebüsch, Häuser, Hügel – zwischen ein und drei Kilometer sein). Zwar wird der Herdenchef wütend den «Eindringling» attackieren, sich aber aus Langeweile bald mit ihm anfreunden. Seine anderen Weidegenossen sind ja nicht da – mit wem sollte er sonst Fellpflege betreiben? Sobald sich beide einigermaßen vertragen – es kann mehr als eine Woche dauern –, stellt man sie zur Herde zurück. Nun wird der Herdenchef zwar meist gegen den Neuen wieder ruppig und lehnt eine Freundschaft ab, aber er betrachtet ihn nicht mehr als Fremdling, den er verjagen muß.

Die kleinen Rangordnungsgefechte mit den anderen Herdenmitgliedern sind dann auch nicht mehr so heftig. Es gibt noch einige Tage etwas Gerangel, dann herrscht wieder Frieden.

Wer sich die Mühe nicht macht, das neue Pferd behutsam einer bestehenden Herde einzugliedern, muß bei den üblichen kleinen Hausweiden mit gefährlichen Machtkämpfen, bösen Verletzungen, zerrissenen Zäunen, weggelaufenen Pferden rechnen.

Unser Fjordwallach lahmte wochenlang, weil wir eine fremde Fjordstute in die immerhin 9 Morgen große, mit vielen Hecken und Gestrüpp aufgelockerte Koppel entlassen hatten. Wir glaubten, sie könnten sich auf der buschreichen großen Koppel bequem aus dem Wege gehen. Die Stute suchte aber immer wieder in die Herde aufgenommen zu werden, und der Wallach wollte das absolut nicht dulden. Dabei schlugen sie sich, und die Hufeisen mit Stollen richteten alle beide schlimm zu. Daß aus der erbitterten Feindschaft doch noch Freundschaft wurde, kam nur durch die vierzehntägige gemeinsame Separierung der Kampfhähne von allen anderen Pferden zustande.

Gewöhnen an den Alltag

Ist aber das Jungpferd erst einmal in einen Herdenverband aufgenommen und hat sich eingelebt, kann es Neues kennenlernen.

Gewöhnen an den neuen Besitzer und seine Familie, an weitere Haustiere, ans Halfter, Anbinden, Putzen, an Hufpflege und Zäumen: einfache Dinge, die hier aufgezählt werden. Alltag, an den sich ein Pferd gewöhnen muß – so simpel, daß man das reibungslose Funktionieren als selbstverständlich voraussetzt!

Wie wichtig jedoch solche «Kleinigkeiten» sind, merkt man erst dann, wenn es zu Schwierigkeiten kommt. Selbstverständlich muß sich ein Pferd an einen *neuen Besitzer* erst gewöhnen. Zunächst wird es etwas scheu an Ihnen vorbeigehen; es kann ja nicht wissen, ob diese ihm neue Person gut oder böse ist.

Deshalb reden Sie viel mit Ihrem neuen Haustier, es soll Ihre Stimme kennenlernen. Strecken Sie langsam und behutsam eine Hand aus, um es am Hals zu streicheln. Sachte wandert dabei Ihre Hand zum Mähnenkamm, um dort kräftig zu kraulen. Dieses Krabbeln an der Mähne betreiben Pferde jeden Alters bei gegenseitiger Fellpflege und empfinden es als Freundschaftszeichen – ebenso das kräftige Kraulen an Widerrist, Schweifwurzel und Unterseite des Halses. Genußvoll recken

Pferde dabei den Kopf hoch und strecken die Oberlippe vor, die jetzt steif wird und gelegentlich vor Wonne zuckt.

Kraulen, ruhige Bewegungen, freundliches Zureden und regelmäßiges Füttern lassen das Neue bald heimisch werden und Vertrauen zu Ihnen fassen.

Bald kommen Sie gut mit dem Jungpferd zurecht, wenn Sie sich bei anfangs gewiß nicht ausbleibenden Problemen nur immer wieder fragen, was Sie vielleicht falsch gemacht haben: Ihr Pferd ist noch jung, verspielt und voll Übermut. Es freut sich, wenn Sie sich ihm widmen, hat aber noch keine Ausdauer, sich lange mit einer «Lektion» zu beschäftigen. Und es antwortet – wie kleine Kinder – mit Ungezogenheit, wenn Sie hart und ungeduldig mit ihm umgehen oder es überfordern.

Überfallen Sie deshalb Ihr junges Pferd nicht mit ständig neuen Ideen. Üben Sie eine Sache nur so lange, wie es aufmerksam mitmacht. Lassen Sie ihm Zeit, eine Lektion zu *begreifen*. *Wiederholen* Sie an anderen Tagen immer wieder dasselbe und mit derselben «Zeremonie», bis die Arbeit auf das Stichwort ausgeführt wird.

Manche Pferde begreifen in wenigen Tagen, wozu andere Wochen brauchen. Das ist durchaus keine Frage des Alters! Je nach Veranlagung und je nach der Art der Arbeit können Fohlen mitunter schneller eine neue Aufgabe verstanden haben als ein älteres Pferd. Das liegt oft am Spiel- und am ausgeprägten Bewegungstrieb der jungen Pferde.

Verlieren Sie aber nie die Geduld, wenn sich ein Pferd gar zu täppisch oder sogar widersetzlich anstellt. Denken Sie stets an einen Lehrer, der mit Erstkläßlern Monate «ackern» muß, bis sie einigermaßen lesen können. Mit Schlägen und Strafen lernen die Abc-Schützen keineswegs schneller oder gründlicher lesen. Und mit Strafen wird der Langsamere der Klasse sicher nicht schneller zum Ziel kommen. Gute Worte dagegen ermuntern und spornen an. Haben Sie also mit Ihrem «Lehrling» viel Geduld. Ihr Pferd muß Vertrauen zu Ihnen haben. Nur dann ist eine Zusammenarbeit erfolgreich.

Wenn bei der Arbeit Unsicherheit oder Angst aufkommt, machen Sie zunächst eine kleine Pause: eine Denkpause für Sie, eine Freßpause als Ablenkung für das Pferd. Dann beginnen Sie wieder von vorne. Bleiben Sie behutsam mit dem jungen Tier, damit Ängste und daraus entstehende Aggressionen gar nicht erst aufkommen.

Sparen Sie nicht mit Lob. Gewiß versteht ein Pferd die einzelnen Worte nicht, die Sie zu ihm sprechen. Wohl aber verrät ihm der Tonfall, wie sie gemeint sind.

Gebrauchen Sie stets die gleichen Worte und Kommandos für die gleiche Aufgabe, dann begreift der Lehrling schneller. Sprechen Sie deutliche und einfache Worte.

Kurze, hart ausgesprochene Vokale *ermahnen oder tadeln:* «Na», «Steh», «Du», «Laß das», «Nein», eventuell unterstützt durch einen Klaps mit der Gerte.

Gedehnte Vokale mit tiefer Stimme *beruhigen:* «Hoooh», «Haaalt», «Laaangsam», «Scheriiiit».

«So brav» und «so fein» oder «ei lieb» in Verbindung mit einer Leckerei sind *Belohnung* für eine gelungene Arbeit.

Haben Sie stets eine Leckerei in der Tasche. Zwar behaupten einige «Pferdefreunde», das wäre Blödsinn, Pferde müßten auch so gehorchen. Aber gerade diese Leute stellen ihr Pferd stets «griffbereit» in eine Box, damit es ihnen ja nicht aus dem Wege gehen oder vor ihnen weglaufen kann.

Wir aber haben Offenstallpferde, die sicher verschwinden, wenn ihnen eine Person nicht sympathisch ist. Wie stolz kann man jedoch sein, wenn auf Zuruf die Pferde an das Weidetor kommen, um sich ihre Begrüßungsleckerei, freundliche Worte und Kraulen abzuholen, und danach brav zur Arbeit mitgehen.

Eine Leckerei sollten Sie also immer dabei haben: Äpfel oder Möhren sind begehrte Leckerbissen, die stark duften und darum zum Anlocken auf der Weide besonders geeignet sind. Während der Arbeit jedoch werden Pferde durch den intensiven Geruch abgelenkt (sie kommen z. B. an der Longe ständig nach innen). Auch kleben diese feuchten Leckereien in der Hosen- oder Jackentasche. Zuckerwürfel sind bequemer, wenn auch im Übermaß schädlich! Spezielle Leckerwürfel für Pferde sind kiloweise im Sattlergeschäft zu kaufen. Am preiswertesten aber sind Pellets, die als Pferdezusatzfutter, im Zentner abgesackt, im Futtermittelhandel erhältlich sind. An diese fingergliedlangen Pellets als Belohnung gewöhnen sich die Pferde rasch, und für Sie sind die Pellets wesentlich angenehmer als Brotkrusten oder trockene Kuchenstücke in der Tasche.

Nun dürfen Sie natürlich nicht pausenlos eine Leckerei verabreichen, sonst würde Ihr Pferd nur unaufmerksam bei der Arbeit sein und jede Gelegenheit nutzen, bei Ihnen zu betteln. Geben Sie diese Leckerei also nur, wenn Sie Ihr Pferd vom

Stall oder von der Weide holen, sozusagen als Begrüßung. Oder als Dankeschön, wenn Sie es zurückbringen. Und darüber hinaus nur, wenn es etwas *geleistet* hat, wenn es eine Arbeit *gut verrichtet* hat, wenn es etwas Neues gelernt und offensichtlich *begriffen* hat. Nun ist eine Belohnung angebracht. Nun streicheln und loben Sie Ihr tüchtiges junges Pferd.

Beim älteren Pferd kann dann später ein Teil der Leckereien durch lobende Worte ersetzt werden. Jedoch sollte man es nicht ganz unbelohnt nach der Arbeit auf die Weide entlassen, denn es soll stets gerne kommen, wenn es zur Arbeit abgeholt wird.

An weitere *Haustiere* gewöhnt sich ein Fohlen schnell; das ältere Pferd ist weitaus vorsichtiger und zurückhaltender. Hunden oder Katzen müssen Sie den Neuling zeigen. Die Tiere sollen sich unter Aufsicht beriechen können; denn eifersüchtige Hunde können ohne die ermahnende Stimme des Herrn urplötzlich zubeißen, Katzen ein empfindliches Pferdemaul arg zerkratzen. Oder das Pferd tritt heftig und gezielt aus und verletzt dabei die unvorsichtigen Haustiere.

Bleiben Sie in den ersten Tagen bei Begegnungen dabei, bis Hunde und Katzen sich an den Neuen gewöhnt haben.

Kühe gehen den Pferden meist aus dem Weg; sie lieben ihre Ruhe und suchen keinen Streit.

An den intensiven Geruch von Kühen, Schafen und vor allem von Schweinen gewöhnen sich Pferde im Laufe der Zeit, ebenso an Hühner und anderes Geflügel, vor dessen Geflatter sie anfangs scheuen. (Übrigens sind manche Pferde ganz versessen auf Hühnereier!) Das alles geht nicht von heute auf morgen. Im Urlaubsort brauchen Sie, der Sie ja freiwillig und gerne dorthin reisen, auch mehrere Tage zum Einleben.

Also lassen Sie Ihrem jungen Pferd Zeit, alles vorsichtig zu beschnuppern, genau auszukundschaften und kennenzulernen. Sorgen Sie dafür, daß es mit anderen Haustieren gleich zu Anfang nur gute Erfahrungen sammelt; denn sie sollen ja nun Jahre zusammenleben und miteinander auskommen.

Junge Pferde mögen nur ungern ein *Halfter* am Kopf dulden. Sie versuchen es überall abzuscheuern; reiben so lange an Bäumen und Zäunen herum, bis sie es abgestreift haben. Und wollen sich nicht mehr anfassen lassen, sobald sie das verhaßte Ding in Ihrer Hand sehen.

Das Halftern und Halftertragen muß einfach so lange geübt werden, bis es vom Jungpferd als Selbstverständlichkeit akzeptiert wird.

Locken Sie den Lehrling mit dem Hafereimer herbei (er muß gelegentlich mal naschen können) und dirigieren ihn damit so, daß er mit der Hinterhand in einer Stall- oder Zaunecke steht. Stellen Sie sich direkt vor das linke Vorderbein, lehnen Sie sich leicht an die Pferdebrust und fassen Sie mit der rechten Hand unter dem Pferdehals durch auf die Pferdenase (Abb. 5). Mit

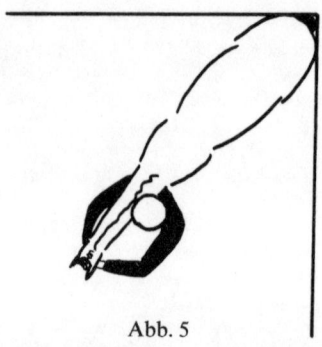

Abb. 5

der linken Hand holen Sie dann langsam, ohne hastige, nervöse Bewegungen, das Stallhalfter aus der Tasche und legen es dem Pferd mit freundlichen Worten an. Zurücktreten kann es – festgehalten durch die Stall- oder Zaunecke – nicht. Das Vortreten vermeiden Sie durch kräftiges Anlehnen an die Pferdebrust. Sprechen Sie dabei viel mit dem Lehrling, loben Sie ihn ausgiebig und stecken Sie ihm eine Leckerei zu.

Das Stallhalfter darf nie so eng sitzen, daß es am Nasenrücken oder den Backen drückt und die Kehle einschnürt; aber auch nie so weit, daß das Pferd beim Kratzen mit einem Fuß darin hängenbleiben kann (Abb. 6).

Nehmen Sie dem Jungpferd das Halfter ab, sobald Sie es alleine lassen: nur so ist ein Hängenbleiben ausgeschlossen. Nutzen Sie aber jede Gelegenheit, ihm immer wieder ein Stallhalfter anzuziehen. Bald weiß es, daß ein Halfter weder wehtut noch gefährlich ist und auch selten lange am Kopf bleibt.

Abb. 6

Mit dem Griff unter dem Hals durch auf die Pferdenase können Sie Ihr Pferd nach einiger Übung jederzeit festhalten, ohne
ihm gleich ein Halfter anlegen zu müssen (Abb. 7).

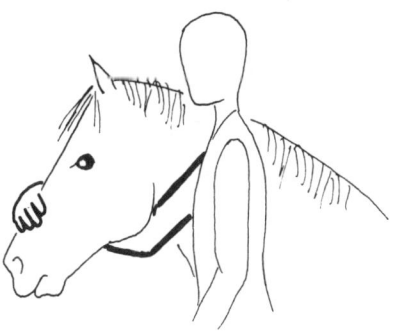

Abb. 7

Noch bequemer ist es natürlich, wenn Pferde sich am Schopf
anfassen und führen lassen. Das ist allerdings nur bei relativ
kleinen Pferden und Ponys möglich, sonst erreicht man den
Schopf nicht. Und die Schopfhaare müssen lang und voll sein,
denn spärliche Haare rutschen leicht aus der Hand und brechen
gleich ab.
Vorsichtig bei hochblütigen Pferden: sie reagieren besonders
empfindlich auf den Zug am Schopfhaar! Anfangs mag sich

27

Abb. 8

kein Pferd gerne am Schopf führen lassen. Deshalb üben Sie
zunächst mit Halfter und Führriemen. Packen Sie mit der linken Hand Ihr Pferd am Führseil und mit der rechten in den
Schopf (Abb 8).

Auf das Kommando «Komm» und mit einem leichten Zupfen
am Führseil gehen Sie los, und Ihr Pferd wird Ihnen folgen
(vorausgesetzt, es kennt das Mitlaufen am Führriemen).

Lassen Sie das Seil immer lockerer, halten Sie das Pferd also
hauptsächlich am Schopf und gehen Sie dabei energisch weiter,
ohne es anzuschauen. Zieht es dabei rückwärts oder bleibt es
irritiert stehen, fassen Sie sofort den Führriemen wieder straff
und fordern energisch das Mitkommen.

Manches Pferd folgt schon nach 10 Minuten willig dem Zug
am Schopf; andere brauchen viele Übungstage. Nie soll jedoch
länger als 10 Minuten hintereinander geübt werden, weil Lehrling und Lehrer dabei in unbequemer Haltung gehen und
schnell ermüden.

Bald können Sie das Pferd auch ohne Halfter und Führriemen
am Schopf herumführen – natürlich *nur* auf geschlossener
Koppel.

Sie meinen, das Führen am Schopf sei lächerlich? Wozu soll es
eigentlich gut sein? Dann sagen Sie mir, was Sie machen, wenn
Ihr Pferd ausgebrochen ist und Sie kein Halfter griffbereit

haben. So müssen Sie nämlich nicht nach Hause laufen, um ein Halfter zu holen – in der Zwischenzeit könnte Ihr Pferd bereits auf der Landstraße herumlaufen. Sie locken Ihr Pferd mit Leckereien, packen es am Schopf und führen es nach Hause.

Selbst die temperamentvolle Connemarastute läßt sich so führen; und im Notfall bleibt mir ja noch die linke Hand, die ich dann zusätzlich über die Pferdenase lege. Unsere Pferde lassen sich sogar von Kindern am Schopf mitführen, auch wenn dabei der Pferdekopf nach unten gehalten werden muß.

Das Führen am Schopf kann innerhalb der Koppel immer wieder geübt werden. Außerhalb der sicheren Umzäunung bleibt der Schopf nur im Notfall Halfterersatz! Denn ein erschreckendes Pferd ist schon am Halfter mitunter nur schwer zu bändigen; wieviel schwerer erst am Schopf, dessen Haare bei einem heftigen Ruck aus der Hand gleiten und dabei ins Fleisch einschneiden!

In jedem Fall ist es besser, ein Halfter in der Tasche zu haben oder wenigstens Kordel oder Schnur, um schnell ein Nothalfter zu knoten (Abb. 9). Selbst ein Hosengürtel kann als Halsriemen dienen. Und aus langen Schnürsenkeln (aus hohen Schuhen gezogen) können Sie nach Indianerart einen Führriemen knoten (Abb. 10).

Ihr ausgerissenes Pferd versuchen Sie mit einer Leckerei heranzulocken. Mitunter läßt es sich durch ein Taschentuch herbeilocken, weil es glaubt, daß aus der Hosentasche immer eine

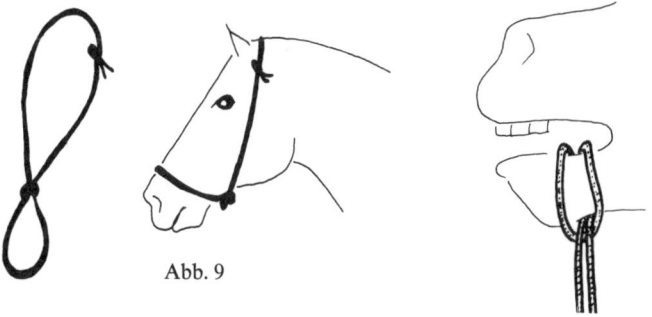

Abb. 9

Abb. 10

Nascherei kommt. Rupfen Sie Gräser, wenn sonst nichts mehr hilft, legen Sie sie auf Ihre Hand, gehen Sie langsam und mit überaus freundlichen Worten auf Ihr Pferd zu. Will es scheu zurückweichen, hocken Sie sich nieder und strecken die Hand mit dem Gras aus. Meist kommt der Ausreißer neugierig herbei, weil er in der Hand etwas Gutes erwartet. Oder rascheln Sie verheißungsvoll mit Papier. Pferde erwarten dann Bonbons oder Zuckerstückchen, die ja auch sonst ausgewickelt werden.
Ist der Ausreißer in Griffweite, strecken Sie mit netten Worten die andere Hand nach dem Schopfhaar aus.
Wenn Sie aber Ihr Pferd für das Ausbrechen strafen, sobald Sie zu Hause sind, werden Sie es in Zukunft nicht mehr so schnell einfangen können.

Alle Pferde müssen lernen, sich *anbinden* zu lassen und angebunden stehen zu bleiben: beim Transport im Hänger, bei der Rast am Gasthaus, bei Putzen, Hufpflege, Satteln, wo und wann auch immer. Je früher ein Pferd das Stillstehen lernt, um so leichter fällt es ihm später.
Fohlen können bereits nach der ersten Lebenswoche an das Stallhalfter und das Anbinden gewöhnt werden. Dieses erste Halfter soll aus weichem, breitem Leder oder Gurt sein und einigermaßen passend zu verschnallen (s. Abb. 1); bei zu weitem Halfter könnte sich das strampelnde Fohlen verfangen.

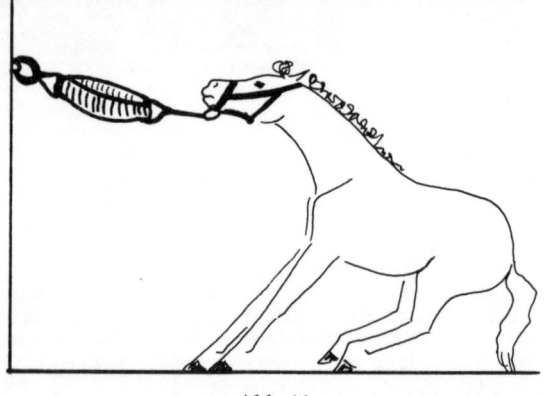

Abb. 11

Als Anbindeseil für alle Jungpferde, vor allem aber für Fohlen, eignet sich ein Anbinder aus Gummi, den Sie im Pferdeartikelgeschäft erhalten; der gibt immer etwas nach, und trotzdem kommt das Fohlen nicht frei. Sie können auch einen Autoschlauch am Anbindering einhängen und daran das Anbindeseil befestigen. Auch auf diese Art erhalten Sie eine elastische Anbindemöglichkeit, die selbst heftige Gegenwehr des Jungpferdes federnd abfängt (Abb. 11).

Ganz junge Fohlen bindet man zum erstenmal am Bauchgurt der Stute fest (Abb. 12). Diese Anbindung ist nie starr, also

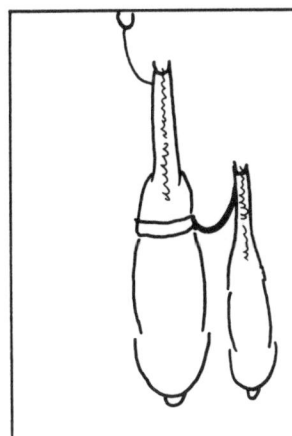

Abb. 12

völlig ungefährlich für das Kleine; außerdem tröstet die Nähe der Mama. Es wird sich sicher beim ersten Anbinden, beim ersten Festhalten wehren. Es stürmt vor und zurück oder steigt, aber die Stute bleibt auch bei diesen Kapriolen ruhig stehen. So lernt das Kleine, daß das Anbinden nicht schlimm ist, wenn es nur ruhig stehen bleibt wie die Mama, und es dauert anfangs auch nicht ewig, nur 5–10 Minuten.

Am nächsten Tag lernt es, am Anbindering angebunden, für 10 Minuten neben der Stute stehen zu bleiben.

Achten Sie darauf, daß keine anderen Pferde frei herumlaufen; denn aus Neugier können sie sich zwischen Mutter und Fohlen zwängen: Nun hat die Stute Sorge um ihr Fohlen und zerrt aufgeregt am Anbindeseil, und das Fohlen weiß vor Angst nicht, wohin und wie es ausweichen kann.

Bleiben Sie bei diesen ersten Anbindeübungen *unbedingt* in der Nähe. Misten Sie inzwischen den Stall aus oder beschäftigen sich sonst in Sichtweite. Sie können bei der Arbeit das Fohlen beobachten und es bei Panik beruhigen oder befreien, wenn es sich im Seil verfangen hat.

Das ältere oder bereits abgesetzte Fohlen kann auch neben einem ruhigen, älteren Wallach – zunächst nur für eine Viertelstunde – angebunden werden. Das ist meist problem- und gefahrlos: Beide verstehen sich gut und fressen zusammen Heu aus dem Heunetz. Dieses muß hoch aufgehängt sein, damit das Fohlen sich nicht mit den Beinen darin verfangen kann. Werfen Sie keinesfalls das Heu einfach auf den Boden; denn wenn der Lehrling so lang angebunden ist, daß er das Heu erreicht, kann er sich mit einem Vorderbein leicht im Anbindeseil verfangen.

Ältere Jungpferde haben bereits viel mehr Kraft und wehren sich gegen ein erstes Anbinden mit wilder Entschlossenheit, vor allem wenn sie dabei noch *alleine* angebunden stehen sollen.

Die Anbindevorrichtung muß absolut fest sein. Geeignet sind ein Eisenring am einbetonierten Pfosten oder im Mauerwerk; ein Ring, dessen Halterung durch einen dicken Holzbalken gezogen und mit einer Mutter verschraubt ist; oder ein dicker Baum, dessen Äste ziemlich hoch angesetzt sind. Die Umgebung der Anbindemöglichkeit soll möglichst weich und rutschfest sein, weil der «Wildling» auf alle Art, auch mit Steigen oder Hinwerfen, versucht freizukommen.

Ideal ist ein Korral von 12–15 m Durchmesser, der über Pferdekopfhöhe stabil mit Stangen eingezäunt sein soll. Dieser Platz ist absolut ausbruchsicher und dient vielen Zwecken: zum Longieren ist er sehr geeignet, ebenso zum Auslappen, zum Gewöhnen an Sattel, Fahrgeschirr und Reiter. Binden Sie also den Lehrling im Korral, falls Sie einen gebaut haben, am Anbindeseil (Gummi oder über den Autoschlauch elastisch gemacht) mit Panikhaken an, der sich bei Gefahr sofort öffnen läßt (s. Abb. 2). (Nur der Panikhaken öffnet sich auch dann, wenn ein Seil durch gewaltigen Zug stramm angespannt ist!)

Nach einigen Ausbruchversuchen wird sich auch der ungebärdigste Lehrling mit dem Anbinden abfinden. Je mehr er dabei tobt, um so mehr müssen Sie ihm gut zureden, ihn streicheln und mit Leckereien besänftigen – und loben!

Beginnen Sie beim älteren Jungpferd mit einer Viertelstunde Anbinden am ersten Tag und steigern Sie die Zeit über die nächsten Tage auf eine halbe Stunde. Das genügt für ein junges Pferd, das bei längerem Stillstehen nervös wird oder Platzangst bekommt.

Die Gerte hat bei dieser Lektion nichts zu suchen. Sie verführt nur zum Draufschlagen und macht das junge Pferd noch verwirrter, als es durch den Zwang zum Stillstehen schon ist. Angst aber wird durch Strafe noch schlimmer.

Binden Sie *nie* ein Pferd, ob jung oder alt, an lose Zaunlatten, Drähte, wacklige Zaunpfosten oder Handwagen und Autos an. Ein Ruck genügt, um eine Katastrophe auszulösen.

Eine unserer ruhigen, älteren Stuten stand gesattelt an einem alten Zaunpfosten für nur wenige Minuten angebunden – ich wollte nur noch Handschuhe holen! Plötzlich biß der Wallach neben ihr sie in den Hals, drehte sich dann um und schlug aus. In berechtigter Panik sprang die Stute zurück, riß den Pfosten um und rannte nun völlig kopflos weg. Pfosten und Draht schleiften hinter ihr her. Die anderen, bis dahin ruhigen Pferde rannten nun ebenfalls los, am Draht mitgezogen. Eine verkehrsreiche Landstraße ist gleich nebenan! Zum Glück verfing sich der Draht im nächsten Baum, und wir mußten nun zwischen den aufgeregten, unruhigen Pferden herumklettern und sie einzeln befreien. Die Stute zeigt seitdem beim Anbinden immer wieder Angst, und man kann sie ohne Aufsicht nirgends mehr angebunden stehen lassen.

Nichts, was mit Anbinden zu tun hat, darf locker sein und nachgeben. Denn reißen beim Anbinden, vor allem beim ersten Anbinden, Halfter oder Anbindeseil und das Pferd kommt frei, dann wird es auch in Zukunft immer wieder versuchen, auf diese Art den Zwang abzuschütteln.

Binden Sie Ihr Pferd auch nie an der Trense an; das feine Trensenleder aus dünnen Riemen ist für heftigen Zug oder plötzlichen Ruck zu schwach und reißt. Wieder kommt das Pferd frei und wird es auch hinfort immer wieder probieren.

Eine weitere Sünde ist das Anbinden an einem Baum mit schlankem Stamm. Kaum ist das junge Pferd angebunden, versucht es zu fressen. Nun rutscht die Seilschlinge um den Baum langsam nach unten, beim nächsten Schritt verfängt sich das Tier mit einem Bein im Seil. Jetzt reißt es erschrocken den Kopf hoch, zieht dabei die Schlinge um das Bein noch fester und gerät in

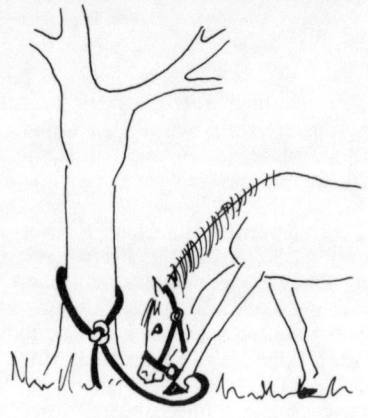

Abb. 13

Panik (Abb. 13). Sicherer ist das Anbinden hoch an einer Ast-
gabel. Dann kann es nicht fressen – es findet in unmittelbarer
Nähe eines Baumes sowieso keine komplette Mahlzeit – und sich
nicht im Anbindeseil verfangen (Abb. 14).

Das Anbinden und Stillstehen ist eine der wichtigsten Erfahrungen für ein junges Pferd und der Ausgangspunkt für viele weitere
Lektionen. Üben Sie es mit Geduld und immer wieder, bis Ihr

Abb. 14

Jungpferd absolut ruhig und entspannt wenigstens eine halbe Stunde am Anbindeplatz stehen bleibt.

Fast alle Pferde lassen sich gerne *putzen*. Nur Fohlen und frei Aufgewachsene scheuen anfangs die Putzgeräte, die ihnen unheimlich sind.

Streicheln Sie das wenige Tage alte, ängstliche Fohlen oder das scheue Jungpferd zunächst nur mit der Hand. Später können Sie einen Putzhandschuh (aus Gummi mit Noppen) überziehen, der schon länger benutzt wird und nach Pferd riecht. Mit diesem Handschuh berühren Sie nun das Fohlen überall am Fell, mit festem Druck der Haarrichtung folgend. Streichen Sie dabei auch an den Beinen entlang, das ist eine gute Vorübung zum Hufhergeben. Stellen Sie sich dabei so dicht wie möglich ans Fohlen. Ein Helfer kann aufpassen, daß der Lehrling Sie derweil nicht zwickt, was vor allem junge Fohlen gerne tun (gegenseitige Fellpflege als Freundschaftsbeweis!). Je dichter Sie am Fohlen stehen, um so weniger Schwung kann es zum Ausschlagen holen.

Ganz unruhige junge Pferde, die ständig hin und her tänzeln, müssen Sie mit einer Körperhälfte an eine feste Wand stellen; lehnen Sie sich zum Beispiel gegen die linke Pferdeschulter, legen die linke Hand auf den Widerrist und putzen mit der Rechten über Rücken und Bauch (Abb. 15).

Sobald Ihr Pferd das Putzen offensichtlich genießt – es steht dann völlig entspannt –, können auch die anderen Körperpartien gepflegt werden. Üben Sie über Wochen und nie länger als eine halbe Stunde das Putzen. Reden Sie dabei viel mit dem jungen Pferd, loben Sie sein braves Stillhalten; dann dürfen Sie es bald mit allen nur denkbaren Bürsten überall berühren, ohne daß es sich ängstlich oder aggressiv zeigt.

Ohne Schreien, ohne Gerte, aber mit viel freundlichen Worten und einer gelegentlichen Leckerei sowie mit sanfter Behandlung gerade der Körperteile, die nicht mit Fleisch gepolstert sind (also Kopf, Beine, Gelenke), wird Ihr Fohlen bald die Körperpflege genießen.

Hufpflege ist auch bei Fohlen vom dritten Lebensmonat an notwendig, wenn sie zu gesunden, brauchbaren Zucht-, Reit- und Fahrpferden werden sollen. Bei krankhaftem Huf oder Fehlstellungen soll das Fohlen bereits nach der ersten Lebenswoche

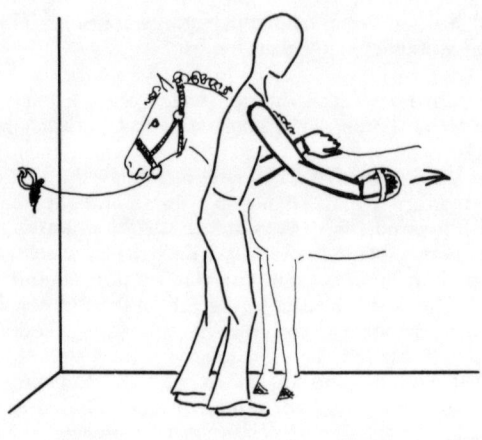

Abb. 15

dem Hufschmied vorgestellt werden. Viele Fehlstellungen verwachsen sich bereits in der ersten Lebenswoche von selbst, andere werden im Laufe des ersten Lebensjahres ausgeglichen; doch manche müssen durch den Hufschmied korrigiert werden. Deshalb immer den Schmied oder Tierarzt um Rat fragen!

Im Idealfall hat Ihnen der Vorbesitzer Ihres Fohlens gezeigt, wie man die Hufe aufhebt. Sie haben es in seinem Beisein mehrere Male probiert. Meist aber denkt man beim Fohlenkauf nicht daran. Wenn Sie also nicht wissen, ob Ihr Fohlen das Hergeben der Hufe kennt, müssen Sie sehr vorsichtig vorgehen.

Binden Sie Ihr Fohlen an einer Wand fest an. Ein Helfer stellt sich mit Leckereien vor den Pferdekopf; er kann verhindern, daß Sie beim Hochheben der Hufe gezwickt werden oder das Tier allzu sehr vor- oder zurückzieht. Beginnen Sie mit dem linken Vorderhuf. Die linke Seite, die Alltagsseite, ist die, von der das Pferd später gezäumt und gesattelt wird.

Nun soll es mit der rechten Körperseite nahe an der Wand stehen. Stellen Sie sich mit leicht gegrätschten Beinen, also sehr standfest, dicht neben die linke Pferdeschulter. Ihre linke Hand liegt beruhigend an Widerrist oder Rücken, Ihre rechte streicht langsam am Pferdebein nach unten bis zum Huf (Abb. 16). Reden Sie dabei mit dem Lehrling. Streichen Sie noch ein-, zweimal überall am Bein entlang. Fassen Sie dann vorne die Fessel und heben Sie den Fuß mit «Gib Fuß» *etwas* an. Danach wird mit «Laß ab, so brav» der Huf wieder auf den Boden gestellt.

Lassen Sie keinesfalls den Huf einfach auf den Boden knallen – das tut weh; das junge Pferd bringt es mit dem Hufehergeben in Verbindung und widersetzt sich beim nächstenmal.

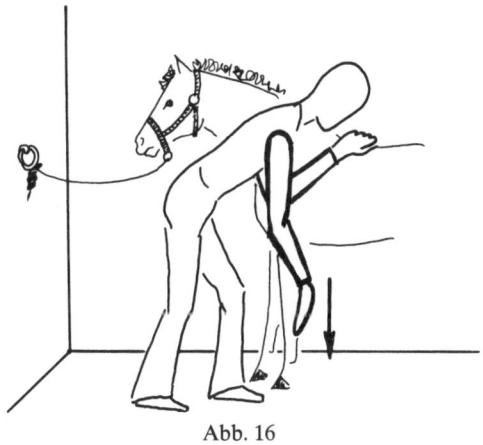

Abb. 16

Wird das Pferd beim Aufheben unruhig, lehnen Sie sich vermehrt gegen die Pferdeschulter und schieben es *leicht* gegen die Wand: Nun ist es mit seiner Balance beschäftigt, und Sie können mit «Laß ab, so brav» den Huf sanft wieder auf den Boden stellen.

Üben Sie an *einem* Bein so lange, bis der Lehrling ein längeres Aufheben, Auskratzen und Gegenklopfen mit dem Hufkratzer duldet. Das kann in zwei Minuten klappen, aber auch eine halbe Stunde dauern. Je freier ein Pferd aufwuchs und je älter es beim ersten Aufheben der Hufe ist, um so schwieriger wird die Arbeit am Huf und um so länger dauert die Gewöhnung ans Hergeben.

Erst wenn ein Vorderbein problemlos aufgehoben werden kann, wird am anderen Vorderbein geübt. Dazu stellen Sie das Tier mit der anderen Körperseite an die Wand. Denn nie dürfen Sie selbst zwischen Wand und Pferd stehen – Sie müssen sich immer eine Ausweichmöglichkeit offenlassen.

Wenn Ihr Schüler die Vorderbeine ohne Zögern und Schwierigkeiten hergibt – das kann manchmal Tage dauern –, werden die Hinterhufe hochgenommen.

Auch hier beginnen Sie mit dem linken Hinterbein. Stellen Sie sich mit leicht gegrätschten Beinen nahe an die linke Flanke des Pferdes. Ihre linke Hand liegt anfangs beruhigend auf der Kruppe, die rechte streicht langsam am Bein entlang abwärts. Je dichter Sie dabei am jungen Pferd stehen, um so geringer ist der Schwung, mit dem es ausschlagen kann. Trippelt es unruhig hin und her oder versucht es durch Ausschlagen das Anfassen eines Hinterbeines zu verhindern, hebt ein Helfer das linke, also gleichseitige Vorderbein auf. Nun muß das Pferd auf sein Gleichgewicht achten, kann also nur wenig zappeln. Sie streichen mit freundlichen Worten am Hinterbein entlang. Sobald es merkt, daß nichts wehtut und das Berühren nichts Schlimmes bedeutet, beruhigt es sich. Jetzt versuchen Sie, auch ohne ein Vorderbein aufheben zu lassen, das Hinterbein überall zu berühren.

Streichen Sie sanft immer wieder am Bein entlang und packen einige Male fest, aber nicht hastig von hinten an das Röhrbein. Nun ziehen Sie das Hinterbein mit «Gib Fuß» leicht nach vorne, also zu sich hin (Abb. 17), verharren einen Moment und stellen es mit «Laß ab, so brav» wieder auf den Boden.

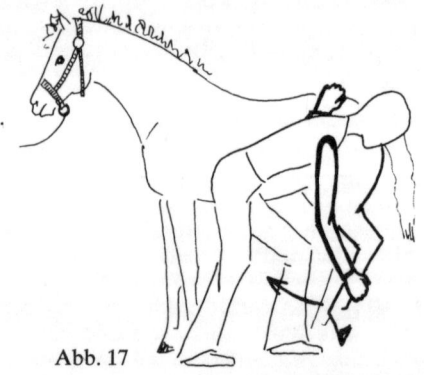

Abb. 17

Erst wenn das Jungpferd duldet, daß ein Hinterbein leicht nach *vorne* gezogen wird, dann packen Sie, diesmal mit beiden Händen, die Fessel und ziehen das Bein etwas nach *hinten* (Abb. 18).

Sobald Ihr Pferd alle Hufe problemlos gibt, dürfen Sie diese so hoch anheben, wie es der Hufschmied bei der Arbeit wünscht (Abb. 19).

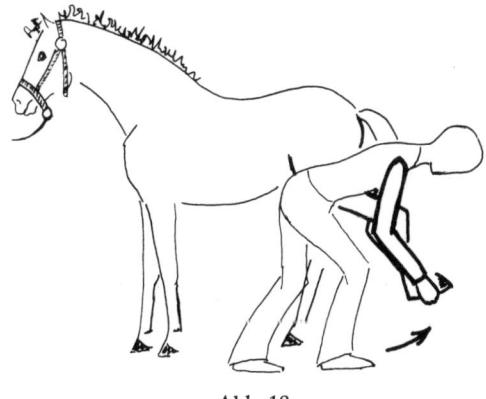

Abb. 18

Abb. 19

Beim Absetzen («Laß ab, so brav») lehnen Sie sich leicht gegen die Kruppe; dann ist Ihr Jungpferd mit dem Ausbalancieren beschäftigt und schlägt nicht nach Ihnen aus. Das habe ich selbst bei vielen älteren Pferden gesehen, die sonst eben mal schnell seitwärts ausschlagen, bevor sie den Huf endgültig auf den Boden stellen.

Üben Sie mit jedem einzelnen Huf geduldig, ohne Schläge, wohl aber mit mahnenden oder lobenden Worten und Leckerbissen. Setzen Sie den Huf erst dann ab, wenn *Sie* wollen! Wenn das junge Pferd lernt, den Huf so lange hochzuhalten, bis ein «Laß ab, so brav» das Abstellen erlaubt, wird es als ausgewachsenes Pferd beim Hufschmied vertrauensvoll und entspannt sein Gewicht weder den Helfer mithalten lassen noch sich ungezogen hinlümmeln. In jungen Jahren angelernt, wird das ausgewachsene Pferd sich beim Schmied vernünftig verhalten und angenehm zu beschlagen sein.

Das *Zäumen*, Alltag des älteren Pferdes, kann dem Ungeübten manche Probleme mit seinem ebenso ungeübten Pferd bringen. Fohlen bis zum Alter von etwa 1 Jahr können Sie meist noch am Stallhalfter führen. Ältere Fohlen, vor allem männliche, sind oft so ungestüm und heftig, daß sie an einer Trense sicherer gehen. Bei Zuchtschauen und Materialprüfungen für Fohlen werden Jährlinge bereits mit Trense vorgestellt, und schließlich soll ein Jungpferd bis zum Einreiten damit vertraut sein. Deshalb lernen Sie und Ihr Pferd von Anfang an die richtigen, einfachen und zweckmäßigen Handgriffe. Zunächst wird dem angebundenen Lehrling das Stallhalfter vom Kopf abgeschnallt und als Art «Halsriemen» um den Hals gelegt (Abb. 20). So ist Ihr Jungpferd immer festgehalten, und Sie haben beide Hände frei zum Zäumen.

Abb. 20

Legen Sie das Kopfstück so über den linken Arm, daß der Stirnriemen zu Ihrem Ellenbogen zeigt; dann legen Sie den Zügel über das linke Handgelenk (Abb. 21).

Abb. 21

Mit dem Zaumzeug im linken Arm treten Sie nun ruhig von links an das Pferd, lehnen sich mit der Schulter leicht gegen Pferdebrust und -hals und legen mit der rechten Hand die Zügel über den Pferdekopf. Die rechte Hand legen Sie nun unter dem Pferdehals durch auf die Pferdenase. Geben Sie jetzt beide Backenstücke des Zaumzeuges in die Hand auf der Pferdenase und halten Sie sie dort fest. Die linke Hand greift das Trensengebiß und schiebt es zum Pferdemaul. Der Daumen öffnet durch leichten Druck auf die Laden (wo keine Zähne sind) das Maul, das Gebiß kann hineingeschoben werden. Dabei streift die rechte Hand das Genickstück über die Pferdeohren (Abb. 22).

Prüfen Sie nun, ob nichts eingeengt ist, nirgends Druck entsteht: Die Backenstücke sollen so kurz oder lang sein, daß das Gebiß genau im Maulwinkel liegt, also weder halb aus dem Maul fällt noch die Lefzen hochzieht. Der Stirnriemen ist so lang, daß das Zaumzeug weder an den Ohren noch an den Backenknochen oder Augen drückt. Der Kehlriemen wird so

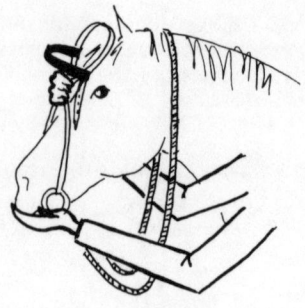

Abb. 22

verschnallt, daß eine geballte Faust zwischen Riemen und Kehle paßt; sonst wird die Kehle beengt (Abb. 23 und 24).
So werden normalerweise Pferde aufgezäumt, so hat es sich bewährt, so gibt es wenig Schwierigkeiten.

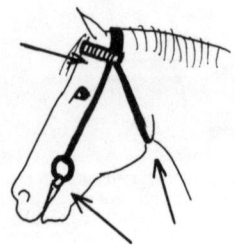

Abb. 23. Das Reithalfter ist zu eng verschnallt.

Abb. 24. So sitzt das Reithalfter gut.

Ein besonders großes Pferd kann das Aufzäumen zum Problem machen, wenn es plötzlich den Kopf hochwirft und man das Genickstück nicht über die Ohren streifen kann. Andere wiederum öffnen das Maul nicht, obwohl der Daumen eifrig auf die Laden oder die Zunge drückt. Wieder andere gehen beim Aufzäumen rückwärts, so daß man überhaupt kein Zaumzeug anlegen kann. Dem großen Pferd reichen Sie einfach eine

Möhre oder ein trockenes Brot; es wird den Kopf senken, um die Leckerei zu erhaschen. Während es ißt, legen Sie flink die Zügel direkt hinter den Ohren über den Hals. Wenn es jetzt den Kopf hochnimmt, empfindet es den Druck des Zügels (im Genick) wie den vom Genickstück des Zaumzeuges, also gibt es diesem bekannten Druck nach, und Sie können weiter zäumen.

Für das Pferd, das sein Maul nicht öffnen will, sollten Sie das Gebiß mit Marmelade einstreichen oder es zusammen mit einer Leckerei ins Maul schieben. So wird das Gebiß mit Süßem verbunden und akzeptiert.

Das Pferd, das beim Zäumen so gerne rückwärts geht, stellen Sie mit dem Hinterteil an eine Wand; dann muß es einfach stehenbleiben. Ein ungewolltes Vorgehen verhindern Sie durch das Anlehnen an die Pferdebrust. Vergessen Sie auch beim Zäumen niemals Lob und gutes Zureden. Wenn irgend etwas nicht klappt, wenn Ihr junges Pferd plötzlich störrisch reagiert, fragen Sie sich immer, was wohl die Ursache sein könnte. Bei Minusgraden im Winter zum Beispiel ist das Metallding, das Gebiß, eisig kalt und tut dem Pferd an Zähnen, Zunge und Laden weh. Legen Sie es deshalb vor Gebrauch für einige Minuten in warmes Wasser.

Ihr Pferd verbindet Zäumen mit Arbeit; gibt es bereits beim Zäumen Ärger, macht die folgende Arbeit beiden sicher keine rechte Freude mehr.

III. Besondere Probleme um Absetzer und Jährlinge

Die bisherigen Kapitel handelten von Fohlen und Jungpferden aller Altersklassen. Hier nun geht es um besondere Probleme bei Absetzern und Jährlingen.

Wechselt ein Absetzer oder Jährling, der bisher bei seiner Mutter lebte, den Besitzer, verläuft die Umstellung für alle Beteiligten mitunter kompliziert: Das Tier war oft noch nie getrennt von seiner Mutter und den Weidekameraden und soll nun plötzlich alleine sein. Es kam noch nie von Stall und Weide weg und soll nun einem völlig fremden Menschen am Führseil folgen. Es hat bisher ein freies Leben geführt und soll sich plötzlich woanders unterordnen.

Ein Fohlen, das von der Mutter weggeholt wird, ist ein Kind und reagiert wie ein Kind: mit Anhänglichkeit, Angst, Spiel und Trotz. Wenn es sich wehrt, wenn es ausschlägt oder bockt, müssen Sie zuerst fragen: Wieso verhält es sich so? Was könnte ich falsch gemacht haben? Dann fangen Sie ruhig von vorne an; denn ein Fohlen lernt wie ein Kind: durch Wiederholung, mit Geduld und Belohnung.

Wenn Ihnen also ein scheues Fohlen gebracht wird, müssen Sie zuerst Freundschaft mit dem Neuen schließen. Während es noch nach der Mutter und den anderen Stallgefährten jammert, sucht es in neuen Freundschaften Trost.

Reichen Sie ihm Leckerbissen, die einladend riechen müssen, auf der ausgestreckten Hand. Warten Sie geduldig, bis das Neue zu Ihnen kommt. Bleibt es ängstlich abseits stehen, gehen Sie in die Hocke: nun sind Sie klein und in den Fohlenaugen nicht mehr gefährlich.

Versuchen Sie, es mit der anderen Hand an der Halsunterseite zu kraulen. Heben Sie nie die Hand, um ihm über Nase und Augen zu streicheln; ein Fohlen faßt die erhobene Hand als Drohung auf, kehrt um und rennt, blitzschnell ausschlagend, weg.

Gehen Sie nie von hinten an ein Pferd oder gar ein eben abgesetztes Fohlen! Es sieht aus den Augenwinkeln etwas Großes, Dunkles kommen, fühlt sich plötzlich angefaßt – also schlägt es aus und rennt weg. Das ist keine Bosheit Ihnen gegenüber – ein Pferd kann nicht erst nachdenken und überlegen –, sondern sein Instinkt läßt es bei vermeintlicher Gefahr blitzschnell reagieren. Sich verteidigen, den Gegner verletzen und sich dann in Sicherheit bringen ist seine einzige Chance, einer Gefahr zu entrinnen. Deshalb gehen Sie immer von vorne auf ein Pferd zu, vor allem auf ein unsicheres Fohlen, und reden Sie dabei mit ihm, bevor Sie es anfassen.

In Gesellschaft und auf großen Weiden aufgewachsene Fohlen lernen bereits von Geburt an, sich in eine bestehende Gemeinschaft einzuordnen und sich den Ranghöheren unterzuordnen; der Ranghöchste ist schließlich der Mensch.

Allein aufgezogene Fohlen werden dagegen eigenbrötlerisch. Sie sind gegen andere Pferde und bald auch gegen Menschen eigensinnig und unverträglich und passen sich später nur schwer auf fremden Weiden an.

Sie kauften Ihr Fohlen, Ihr Jungpferd mit dem Wunsch, es über Jahre als liebenswerten Freizeitpartner zu behalten. Alles, was es zu Anfang im guten lernt, bringt Ihnen über fünfzehn oder mehr Jahre Freude am Pferd. Vergessen Sie das nie, wenn unvermutet Schwierigkeiten auftauchen.

Denken Sie daran, daß ein junges Pferd zunächst gar nicht weiß, was Sie von ihm wollen. Es muß langsam, über Wochen und Monate und durch viele Wiederholungen lernen und begreifen.

Erziehung und Ausbildung von Fohlen sind *immer* Sache von Erwachsenen. Wegen seiner Kleinheit wird ein Fohlen, vor allem aber ein Ponyfohlen, meist unterschätzt. Es hat aber bereits einen ausgeprägten Charakter, weiß, was es will, ist entschieden und selbstsicher. Das «süße» Fohlen ist ein respektheischendes Lebewesen, das leicht durch Kinder verzogen wird. Ein Kind steckt selbst noch in Erziehungsschwierigkeiten, ist unausgeglichen und unsicher; wie könnte es da andere Lebewesen erziehen?

Werden Kinder behutsam angeleitet, zeigt man ihnen, wie mit Fohlen umzugehen ist, dann haben Kinder und Fohlen viel Freude miteinander und eine gemeinsame, ereignisreiche Zukunft vor sich.

Führen an der Hand

Es ist durchaus keine Selbstverständlichkeit, daß Fohlen am Führseil brav neben dem Menschen hergehen. Das muß mühsam gelernt und geduldig geübt werden, bevor es klappt.

Zunächst einmal müssen Sie ein scheues Fohlen, das sich gar nicht fassen läßt, einfangen. Dazu wird die Mutter (oder, falls es abgesetzt ist, ein anderer Weidekamerad) am Halfter schräg so zu einer Wand geführt, daß das Fohlen in eine Ecke gedrängt werden kann. Langsam lassen Sie die Stute nun in die Ecke gehen, und ein Helfer kann jetzt das Fohlen fangen. Er packt gegrätscht, also sehr sicher stehend, mit einem Arm unten hindurch den Fohlenhals und mit der anderen Hand das Schwänzchen von unten an der Rübe (Abb. 25 und 26). Nun

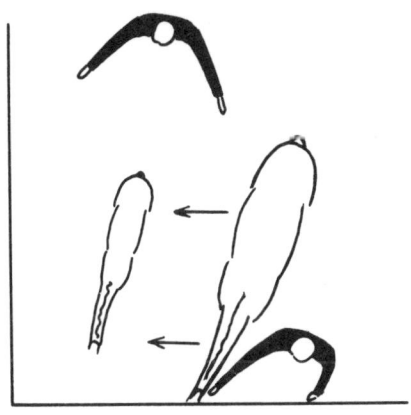

Abb. 25

kann das Fohlen weder vorspringen, weil der Helfer es am Hals daran hindert, noch zurück, wenn er das Schwänzchen leicht anhebt. Vorsicht, daß dabei kein Schweifwirbel ausgerenkt oder gebrochen wird! Lassen Sie jetzt *nicht* die Stute frei, um dem Füllen ein Halfter anzulegen; denn manche Stuten reagieren mit wütenden Angriffen, sobald ihr Fohlen schreit und strampelt. Binden Sie die besorgte Mama in der Nähe fest an und legen dann dem zappelnden Fohlen das Halfter an.

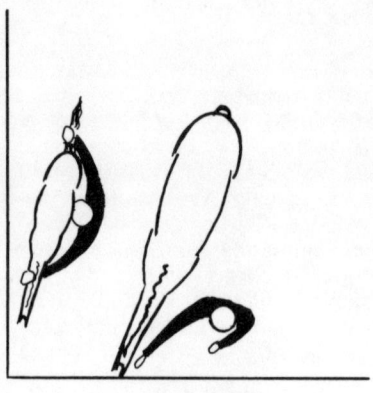

Abb. 26

Als erstes lernt es nun, neben der Mama zu gehen oder neben einem älteren, fohlenfreundlichen Wallach.

Das ist eine schwere Lektion, weil ein Fohlen aus Instinkt nicht neben, sondern immer hinter der Mutter herläuft, also stets in ihrem Schutz. Binden Sie es am Bauchgurt rechts neben der Mama fest, und zwar so kurz, daß es bequem nebenher, nicht aber vor die Stute laufen oder ihr hinten in die Beine springen kann. Ein Helfer kann in gebührendem Abstand vor möglicherweise ausschlagenden Fohlenbeinen hinterhergehen und es beim Zurückbleiben mit der Gerte – leichte Berührung genügt meist – zum Weitergehen auffordern.

Manche Fohlen geben jeden Widerstand nach einer Viertelstunde auf und laufen brav neben der Mama, andere, vor allem kräftige, lernen das in halbstündigen Lektionen erst über Tage (Abb. 27 und 28).

Beherrscht das Fohlen diese Übung, kommt die nächste an die Reihe. Nun soll es auch neben *Ihnen* am Führseil hergehen. Es trägt sein Stallhalfter, der Führriemen mit Panikhaken ist eingeschnallt, und Sie können losmarschieren. Halt! So einfach ist das anfangs nicht. Sobald das Fohlen nämlich merkt, daß es von der Mama (bzw. dem Lehrwallach) weggeführt wird, stemmt es alle vier Beine in den Boden und wird aus Leibeskräften zurückziehen, steigen, sich hinwerfen, nur um wieder zur Stute zurückzukönnen.

Abb. 27. Billie wird an Mamas Sattelgurt festgebunden. Empört zerrt sie am Anbindeseil, steigt und wirft sich auf den weichen Boden. Caroline redet ihr gut zu und klopft ihr beruhigend auf die Pobacken.

Also führen Sie den Wildfang hinter der Mutter her, der es freiwillig folgen wird. Bleiben Sie ein wenig zurück, auch wenn das Fohlen dabei heftig vorwärts zieht, Bocksprünge macht oder nach Ihnen ausschlagen will (Vorsicht, auch Fohlenhufe hinterlassen schmerzhafte blaue Flecken!). Reden Sie ihm beruhigend zu; denn es hat echte, tiefe Angst, von der Mutter getrennt zu werden. Irgendwann merkt es, daß der Druck des Halfters nachläßt, sobald es nicht mehr widerspenstig am Seil zerrt. Nun versuchen Sie, den Abstand zwischen Fohlen und Stute immer größer werden zu lassen. Zerrt das Fohlen so, daß Sie es beim Gehen kaum noch halten können, dann bleiben Sie mit ihm stehen, während die Mama in großem Abstand herumgeführt wird. Es soll lernen und verstehen, daß ihm nichts Schlimmes widerfährt, auch wenn die Mama nicht direkt bei ihm ist.

Am nächsten Tag versuchen Sie, das Fohlen ohne Beisein der Stute zu führen. Sicher will es dem Zupfen am Führriemen nicht nachgeben, sondern bleibt stur einfach stehen. Bleiben Sie

Abb. 28. Billie beruhigt sich schnell, weil die Mama sich überhaupt nicht aufregt. Die touchierende Gerte ermahnt zum Weitergehen, und in nur zehn Minuten hat sie gelernt, neben der Mama herzugehen.

Abb. 29

Abb. 30. Billie will am Führriemen nicht mitgehen. Also packe ich sie mit der linken Hand am Stallhalfter und dazu Gerte und Führriemen. Die rechte Hand packt die Schweifrübe und hebt das Fohlenschwänzchen ein wenig an: Billie geht jetzt vorwärts.

dann ebenfalls stehen; vielleicht langweilt es sich bald und marschiert nun nach fünf Minuten Stillhalten doch mit. Dann loben Sie es. Will es sich überhaupt nicht vorwärts bewegen, gehen zwei Helfer, die jeder ein Ende von einem Stück Longe oder einem etwa 2 m langen, dicken Seil in der Hand halten, rechts und links neben das Fohlen und legen dabei die «Schlinge» um die Fohlenbeine oberhalb des Sprunggelenks und zupfen an den Enden. So wird es vorwärts gehen, weil es dem Druck an den Beinen ausweichen will (Abb. 29).
Sind Sie mit dem Fohlen allerdings allein, müssen ohne Helfer zurechtkommen, dann machen Sie es so, wie es die Abbil-

dung 30 zeigt. Oder legen Sie sich ein «Komm-mit» aus einem dicken, gedrehten Seil mit einer Schlaufe am Seilende zusammen. Ziehen Sie den Seilanfang durch die Schlaufe, so entsteht eine große Schlinge, die Sie um den Fohlenpo legen (Abb. 31). Das Seilende halten Sie in der rechten Hand, und in der Linken halten Sie den Führriemen.

Kommandieren Sie «Komm, Schritt», zupfen auffordernd an Führriemen und Komm-mit und marschieren los. Folgt das Fohlen nicht gleich, zupfen Sie geduldig immer wieder und sagen «Komm, Schritt». Nach drei, vier Aufforderungen wird das Fohlen vorwärtsgehen, um dem Druck an den Hinterbeinen auszuweichen.

Loben Sie es mit «So brav», reichen ihm eine Leckerei und marschieren weiter. Nach zehn Minuten reicht die Arbeit für diesmal. Am nächsten Tag üben Sie wieder das Mitgehen an der Hand. Folgt das junge Pferd dem Zupfen und dem «Komm, Schritt», dann zupfen Sie allein noch am Führriemen und halten das Ende des Komm-mit nur noch locker in der Hand. Bleibt es jedoch stehen, benutzen Sie wieder das Komm-mit. Manche Fohlen folgen schon nach fünfzehn Minuten dem Menschen am schlichten Führriemen, andere brauchen eine Woche täglich zehn Minuten Übungslektion. Aber alle lernen es, wenn Sie nur Geduld haben und sich viel Zeit nehmen. Denn dies ist, es sei wiederholt, eine besonders schwere Lektion: weg von der Mutter, die es bisher vor allen Gefahren

Abb. 31

beschützte und deren Nähe Geborgenheit, Wärme und süße Milch bedeutete.

Es spürt den Druck (vom Komm-mit) und den Zug (vom Führseil) und empfindet in seiner Unsicherheit anfangs beides als Schmerz. Es gerät leicht in Panik. Schlagen Sie es nicht, auch wenn es aus Angst beißt oder ausschlägt oder steigt. Loben Sie es jedoch für das kleinste Nachgeben, jeden winzigen Gehorsam. Sparen Sie nicht mit Leckerbissen.

Lernt es diese Lektion über lange Zeit gründlich, mit viel Leckerei und guten Worten, dann gewinnt es Vertrauen zu Ihnen. Nun weiß es, daß ihm nichts Schlimmes passieren kann, wenn Sie dabei sind. Dann sind alle weiteren Lektionen nur noch halb so schwer.

Das Absetzen

Nach 5–6 Lebensmonaten wird normalerweise ein Fohlen «abgesetzt», also von der Mutter getrennt.

Viele Züchter vollziehen die Trennung über Wochen ganz allmählich: Sie lassen Stute und Fohlen zum Beispiel nur nachts zusammen und bringen sie tagsüber auf verschiedene, weit voneinander entfernte Weiden. Andere wiederum lassen das Fohlen morgens und abends nochmals zur Mutter, halten beide aber sonst in getrennten Boxen, so daß sie sich zwar sehen, nicht jedoch zusammen können.

In diesen Fällen aber drückt einmal das Euter nach wenigen Stunden und schwillt an; der Milchstau signalisiert, daß keine Milch mehr gebraucht wird, also stoppt die Produktion. Nach dem Willen des Besitzers trinkt das Fohlen dann plötzlich wieder und regt damit die Milchproduktion erneut an. So wechseln sich Stau und erneute Produktion ab. Das ist bestimmt eine gewaltige Belastung für die Stute.

In der freien Wildbahn bleibt das Fohlen bei der Mutter und trinkt, bis die Stute es kurz vor der Geburt des nächsten Fohlens wegschubst. Verunglückt ein Fohlen tödlich, hat die Mutter über 2–4 Tage ein geschwollenes Euter; danach bildet es sich zurück, schrumpft, und der Milchfluß versiegt. Und genau letzteres ahmen wir nach mit einer abrupten Trennung von Stute und Fohlen.

Die Stute muß nun über Tage gut beobachtet werden. Daß das

Euter schwillt, ist normal. Solange die Stute guten Appetit hat, brauchen Sie sich keine Sorgen zu machen. Das Euter bekommt am schnellsten seine normale Form, wenn die Stute weniger Wasser bekommt als sonst, wenn die Kraftfutterration bereits zwei Wochen vor dem Absetzen gedrosselt wird und die Stute viel arbeiten muß. Am Anfang des Ausritts geht sie infolge des dicken Euters schwerfällig. Aber bald wird sie lebhafter, weil durch die Bewegung die Schwellung zurückgeht. Zwar wird über Nacht das Euter wieder dicker, aber je mehr Bewegung die Stute hat, ob an der Longe, unter dem Reiter oder vor der Kutsche, um so schneller bildet sich das Euter zurück.

Manche Stutenbesitzer empfehlen das Abmelken; aber bei vielen Stuten ist das Euter bereits nach wenigen Stunden so druckempfindlich, daß man es nicht mehr anfassen darf.

Sollte die Stute allerdings matt aussehen, nicht essen und Temperatur haben, müssen Sie sofort den Tierarzt verständigen.

Mindestens genauso sorgfältig müssen Sie das Fohlen beobachten. Auf der verzweifelten Suche nach der Mama überspringt es Rekordhöhen oder zwängt sich durch dichteste Zäune. Bei diesem pausenlosen Hin und Her, diesem unvernünftigen Umherspringen ist die Verletzungsgefahr besonders groß.

Nach einigen Tagen Trauer findet es Trost bei anderen Stallgefährten. Vergessen wird es die Mutter so schnell nicht. Denn wenn es nach Wochen wieder mit ihr zusammenkommt, sucht es nach zärtlicher Begrüßung sofort das Euter, um wieder zu trinken. Je nach Veranlagung der Stute läßt sie das Fohlen prompt wieder ans Euter, und durch mehrmaliges Saugen wird der Milchfluß erneut angeregt.

Entweder trennen Sie beide abermals oder Sie legen dem Fohlen ein Spezialhalfter an: Kaufen Sie ein Hundestachelhalsband (etwa Boxergröße); das Verschlußstück haken Sie aus. Das Stachelkettenband legen Sie nun auf den Nasenteil des Fohlenhalfters und nähen es mit Zwirn fest oder wickeln es mit Kordel daran, jedenfalls so, daß es unverrückbar fest auf dem Nasen-«riemen» anliegt, die stumpfen Stacheln nach außen (Abb. 32). Will nun das Fohlen mit diesem Halfter saugen, stechen die Stacheln die Mutter an besonders empfindlichen Körperteilen, und das Fohlen wird weggeschubst. Nach wenigen Versuchen traut es sich nicht mehr ans Euter, und das Stachelhalfter kann wieder abgenommen werden. Sie brauchen keine Sorge zu haben, die Stute würde nun nie wieder ein Fohlen saugen las-

Abb. 32

sen: Spätestens mit der Geburt des nächsten Fohlens sind das «alte» Fohlen und die Probleme mit ihm vergessen.

Achtung jedoch: Das Fohlen muß sorgfältig beobachtet werden, weil es mit den Stacheln leicht irgendwo hängen bleiben kann.

Viele Stutenbesitzer schwören auf «stinkende» Pasten, mit denen sie das Euter der Stute einreiben. Aber zum einen machen sich Fohlen nicht viel draus, wenn der Appetit auf Milch sie quält. Schlimmer Durchfall kann die Folge sein. Zum anderen reagieren manche Stuten empfindlich auf Salben (Ausschlag, Allergie). Hier also immer erst den Tierarzt fragen.

Sicher kennt Ihr Fohlen bereits Kraftfutter und kann die Selbsttränke – falls vorhanden – allein bedienen. Dann helfen sorgfältig kontrollierte Fütterung und die Gesellschaft Gleichaltriger über den Trennungsschmerz beim Absetzen hinweg.

Das Neue ist ein Hengstfohlen, was nun?

Viele, vor allem junge Leute wünschen und kaufen sich ein Hengstfohlen. Sie wollen einen stolzen Hengst aufziehen und ahnen nicht, welche Probleme auf sie zukommen. Hengstfohlen müssen in Gesellschaft Gleichaltriger aufwachsen, sollen sie zu gesunden, umgänglichen Hengsten heranreifen. In der freien Natur tun sie sich zu sogenannten Junggesellenklubs zusammen und messen ihre Kräfte in rauhen Spielen.

Junge Hengste neigen zum Ausbrechen aus der Weide. Ihnen sind alle Koppeln zu klein, nicht nur dann, wenn Stuten in der Nähe vorbeilaufen. Ihre ungestüme Natur, ihr ausgeprägter männlicher Instinkt sind schwer zu bändigen. Selbst wenn die Jugendjahre eines Hengstes problemlos verlaufen, ist ein ausgewachsener Hengst trotzdem ein unbequemes Reit- und Fahrpferd: Begegnungen mit fremden Stuten bleiben unterwegs nicht aus. Auch der wohlerzogene Hengst wird dann unruhig und eigensinnig.

Deshalb sollten Sie Ihren männlichen Jährling kastrieren lassen, auch wenn «Fachleute» behaupten, er werde sich als Hengst besser entwickeln, temperamentvoller und mutiger sein. Denn was vom langen Hengstsein bleibt, ist fast immer ein zu kräftiger, beim Reiten und Fahren störender Unterhals. Außerdem werden Wallache stets größer als Hengste, was sicher vorteilhaft ist.

Die Kastration ist nichts Schlimmes: Der Tierarzt «legt» ein Hengstfohlen bei Vollnarkose auf Ihrer Weide im Frühjahr oder Herbst, wenn die ärgste Fliegenplage ausgeschaltet ist. Oder er kastriert bei örtlicher Betäubung im Stehen, und bald nach der Operation ißt der «Wallach» wieder mit großem Appetit. Komplikationen sind selten, mögliche Schwellungen klingen bei genügend Bewegung – sprich Weidegang mit Gleichaltrigen – bald ab.

Aber Sie haben jetzt ein umgängliches, jederzeit leistungsbereites junges Pferd ohne die lästigen, mitunter gefährlichen Hengstmanieren. Bedenkenlos können Sie nun auch Ihre Kinder mit dem Wallach umgehen lassen – bei jungen Pferden, gleich ob Stute oder Wallach, allerdings nur unter Aufsicht, damit die Kinder keinen Unfug anstellen.

Sömmerung in Weidegemeinschaft oder zu Hause?

Der Jährling gehört unbedingt in gleichaltrige Gesellschaft. Ob Stutchen oder Jungwallach, jeder Jährling muß Kameraden haben, mit denen er soziale Fellpflege betreiben kann. Jedes junge Pferd braucht Anregung zum Laufen und Springen, das die Muskeln zum Wachsen bringt und Herz und Lungen stärkt. Wenn irgend möglich und wenn Sie kein weiteres Jungpferd besitzen, bringen Sie Ihren Jährling zur Sömmerung auf eine

Gemeinschaftsweide. (Gut, daß Ihr Hengstfohlen jetzt kastriert ist, sonst wird es mit Recht in keine Weidegemeinschaft aufgenommen.) Schenken Sie Ihrem Jährling und dem Zweijährigen zumindest den Sommer in freier Natur. Vernachlässigen Sie trotzdem weder Hufpflege noch Impfungen oder Wurmkuren. Besuchen Sie ihn von Zeit zu Zeit, um zu sehen, ob er gesund und munter aussieht und keine Verletzungen hat. Die beste Weideaufsicht schaut nie so kritisch hin wie der Pferdebesitzer selbst.

Sprechen Sie über die Sömmerung auch mit Ihrem Versicherungsvertreter, der eventuell zu einer Zusatzversicherung rät (Weideausbruchversicherung als weitere Haftpflichtversicherung und Diebstahl, Blitzschlag usw. als Zusatz zur Lebensversicherung).

Sie brauchen keine Sorge zu haben, daß Ihr Jährling dort verwildert; was ein Fohlen bereits gründlich lernte – zum Beispiel Hufe hergeben, sich halftern lassen – vergißt es nicht. Nach ein, zwei Wochen Eingewöhnung zu Hause gibt es sich wieder wie vor der Sömmerung.

Halten Sie darüber hinaus guten Kontakt zum Besitzer der Sommerweide: Wenn Sie später mal in Urlaub fahren, wissen Sie, wenn Sie es rechtzeitig anmelden, Ihr Pferd dort unter bester Aufsicht.

Spielen mit Fohlen?

Ein ganz heikles Kapitel ist das Spielen mit Fohlen.

Zunächst ist Ihr Fohlen in der neuen Umgebung scheu und schreckhaft. Also werden immer wieder Leckereien gereicht, um den kleinen Kerl zutraulich zu machen und einzugewöhnen. Bald kommt das Fohlen herangelaufen, wenn es seine neuen Besitzer nur hört oder sieht, um eine Leckerei zu erhaschen. Sind Sie dann einmal ohne Nascherei gekommen, versucht der Jährling frech, diese mit Drohgebärden, Schnappen und Ausschlagen zu erzwingen: Das junge Pferd erprobt seine Macht über Sie, sucht den Machtkampf, um sich eine höhere Rangordnung zu erobern. *Sofort* muß das Füttern aus der Hand endgültig aufhören. Jedes Drohen, Schnappen oder Treten muß *sofort* mit einem lauten, harten «Nein» und einem festen Klaps mit der Hand beantwortet werden. Aber Vorsicht: Meist laufen die

Fohlen empört auskeilend weg, und Sie bekommen dabei noch einen Tritt ab.

Das Fohlen muß nun lernen, sich dem Menschen unterzuordnen. Eine Stute straft ihr ungezogenes Fohlen mit einem Biß oder leichten Tritt und verschafft sich so Respekt. Sie geben ihm für Ungezogenheit einen Klaps. Sie müssen der Ranghöhere bleiben, wollen Sie später Freude am ausgewachsenen Pferd haben.

Jede Unart muß *sofort* bestraft werden; jedes spätere Schimpfen oder Schlagen ist völlig sinnlos, weil das Fohlen inzwischen gar nicht mehr weiß, weshalb es einen Klaps bekommt. Strafen mit der Hand ist nur in «Notfällen» erlaubt; meist hat man ja keine Gerte dabei. Das Fohlen und später das Pferd sollen nämlich die Hand ihres Herrn mit Streicheln, Belohnen und Loben in Verbindung bringen, nicht aber mit Schmerz und Strafe.

Den Unterschied zwischen «Erlaubt» und «Verboten» erkennt selbst das kleine Fohlen bei liebevoller, konsequenter Behandlung schnell.

Niemals darf ein Fohlen geneckt oder gar geärgert werden. Wenn Kinder schon Jahre brauchen, bis sie Scherze oder Neckereien verstehen, um wieviel schwieriger (wenn nicht gar unmöglich) ist es, dem Fohlen «Spaß» begreiflich zu machen!

Auch Hetz- und Nachlaufspiele sind tabu: Wenn das Fohlen spielerisch wegläuft, sobald sein Besitzer die Koppel betritt, wird es als ausgewachsenes Pferd erst recht verschwinden, sobald es Sattel und Halfter sieht. Geradezu lebensgefährlich und bodenlos leichtsinnig ist es, sich vom zunächst kleinen, leichten Fohlen anspringen zu lassen; denn die jetzt erlaubte «Spielerei» wird es auch als ausgewachsenes Pferd beibehalten ... und ist dann auf einmal «bösartig».

Kinder und Fohlen gehören nur unter Aufsicht zusammen; dann allerdings kann die Begegnung für beide beglückend sein. Fohlen fühlen sich mehr zu Kindern als zu Erwachsenen hingezogen, erlauben sich Jugendlichen gegenüber aber auch mehr Frechheiten; damit können Kinder nicht alleine fertig werden.

Kunststückchen als Zeitvertreib?

Fohlen sind besonders neugierig und mögen es gerne, wenn man sich stundenlang mit ihnen beschäftigt. Schnell lernen sie «Guten Tag» zu sagen (= Vorderhuf in Menschenhand zu legen). Das ist sicher wunderschön, kann aber unangenehm werden. Denn stehen zum Beispiel mehrere Personen zusammen und wünschen einander laut «Guten Tag», hebt das dabeistehende Fohlen auf das gewohnte Stichwort hin das Vorderbein: bums, hat einer der Umstehenden den Huf im Rücken.

«Steigen auf Kommando» ist ein beliebtes Kunststückchen bei Hengstfohlen. Sind die Pferde dann älter, fragen verzweifelte Reiter, wie dem Reit- oder Fahrpferd das Steigen wieder abzugewöhnen ist.

Selbst «Ausschlagen auf Kommando» sah ich schon. Da wurde ein Ball auf die Hinterbeine eines jungen Pferdes geworfen, das Tier schlug aus und damit den Ball wieder weg. Wunderschöne Zirkusnummer, im Alltag aber sehr bedenklich: Kommt diesem Pferd etwas an die Hinterbeine, schlägt es automatisch aus – und einem Unbeteiligten gegen die Beine. Diese und andere Kunststückchen sollen den Zirkuspferden vorbehalten bleiben.

Ihr Fohlen kann in den nächsten Wochen, Monaten und Jahren sicher Besseres, Sinnvolleres lernen, das ihm und Ihnen Freude macht und die spätere Ausbildung erleichtert.

IV. Ihr junges Pferd kann bereits viel lernen

Wer ein Fohlen oder junges Pferd kauft, meint, die Zeit bis zum Einreiten sei endlos lang und auch langweilig. In Wirklichkeit jedoch kann Ihr Jungpferd bereits so viel lernen, ohne überfordert zu werden, daß die Feierabende über Monate und Jahre ausgefüllt sind. Das muß durchaus nicht anstrengend sein – und Spaß macht's nebenbei auch.

Alleinbleiben

Lernen, allein zu bleiben, ist eine der schwierigsten Lektionen für Pferde, vor allem für Fohlen. Die Tiere halten jede Trennung für «ewig» und «endgültig» und reagieren mit Panik; das ist durchaus verständlich, denn in der freien Wildbahn wäre das Alleinbleiben gefährlich, für ganz junge Fohlen tödlich.
Sperren Sie zum ersten Alleinbleiben Ihr junges Pferd absolut ausbruchsicher ein – wir sprachen schon zu Anfang davon. Binden Sie es jedoch nur an, wenn eine zuverlässige Aufsicht zurückbleibt ... Es könnte sich in der Aufregung im Anbindeseil verfangen und schwer verletzen.
Verschließen Sie den Stall fest; auch das Oberteil der Stalltüre soll geschlossen sein. Sie ahnen nicht, welche Höhen selbst ein Fohlen überwinden kann, wenn es in Panik gerät. Lassen Sie wenn möglich jemanden als Aufsicht zurück, der ruhig mit dem Zurückgebliebenen reden oder ihn mit Leckereien ein wenig ablenken kann. Für die erste Trennung genügen 30 Minuten, die im Laufe einer Woche auf 2–3 Stunden ausgedehnt werden können.
Sicher wird das Jungpferd laut wiehern und herumtoben. Aber nach weiteren «Übungsstunden» weiß es, daß der Stallgefährte ja immer wieder zurückkommt, und widmet sich nun dem Futter, das Sie ihm als Ablenkung und Trost geben.
Erst wenn es einigermaßen gelassen das Weggehen des Stallgenossen hinnimmt, darf es im hoch und fest eingezäunten Auslauf zurückbleiben, auch hier nur unter Aufsicht. Nach 10–12

Übungsstunden wird das gelegentliche Alleinbleiben zu einer Selbstverständlichkeit.

Sie irren, wenn Sie meinen, Ihre Pferde müßten nie getrennt werden, weil sie etwa immer nur zusammen geritten und gefahren werden. Wenn aber eines Ihrer Pferde bei schwerer Erkrankung in der Tierklinik bleiben muß oder gar stirbt, kann der andere Partner sich bei der verzweifelten Suche ebenfalls schwer verletzen.

Junge Pferde lernen relativ schnell, sich mit dem Alleinsein abzufinden. Ältere Pferde, die jahrelang nur in Gesellschaft lebten, reagieren auf das plötzliche Alleinsein völlig kopflos; blindlings rennen sie sich zu Tode.

Deshalb gewöhnen Sie Ihr Jungpferd jetzt daran, dann bleiben Ihnen später manche Sorgen erspart.

Spazierengehen

Nun soll das Jungpferd lernen, ohne Begleitung eines anderen Pferdes mit seinem Besitzer spazierenzugehen. Das hört sich einfach an, ist aber doch immerhin so kompliziert, daß manche ausgewachsenen Pferde es noch nicht können. Das sind dann die sogenannten «Kleber», überaus unangenehme Pferde, die nur wie ein Schatten hinter den anderen herrennen, aber keinen Schritt alleine gehen können.

Fohlen bis zu einem Jahr können am Stallhalfter mit Führrie-

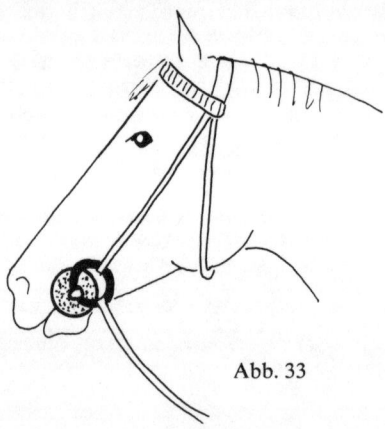

Abb. 33

men mitgehen, wie wir es im Kapitel III beschrieben haben. Älteren Pferden wird die Trense angelegt. Das Durchziehen des Gebisses verhindern Gummischeiben, die über die Gebißringe gezogen werden und nun zwischen diesen und dem Pferdemaul liegen (Abb. 33). Sie können zum gleichen Zweck auch einen Führriemen durch beide Gebißringe ziehen (Abb. 34), dürfen dann aber nur sehr vorsichtig zufassen: die Wirkung ist stark! Oder Sie führen Ihr Pferd an den Zügeln (die Sie vom Hals herunternehmen). Packen Sie beide Zügel etwa zwei Handbreit unter dem Pferdemaul mit der rechten Hand, ebenso das Endstück. Sind die Zügel sehr lang, legen Sie eine weitere Schlinge, die auch in der rechten Hand gehalten wird.

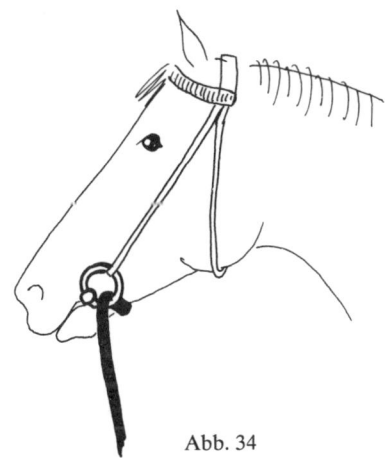

Abb. 34

Lassen Sie nie das Endstück der Zügel oder Führriemen herabhängen; Sie oder das Pferd können darüber stolpern oder hängenbleiben.
In der Linken halten Sie die Gerte, die nach hinten zur Flanke zeigt.
Nun gehen Sie mit dem jungen Pferd an der Hand zunächst in der vertrauten Koppel auf und ab und schließlich vom Stall weg. Ermuntern Sie es zum Vorwärtsgehen durch leichtes Antippen mit der Gerte. Weigert sich Ihr Jungpferd, von Stall, Weide und den anderen Pferden wegzugehen, nutzt auch die

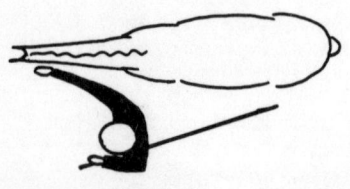

Abb. 35

auffordernde Gerte an der Flanke nichts, dann müssen Sie einen Freund um Mithilfe bitten.

Oft genügt das Antippen mit der Gerte von *hinten* (aber Vorsicht: Manche Pferde schlagen nach der Gerte aus, also großen Abstand halten, extra lange Gerte oder Longierpeitsche nehmen). Schauen Sie Ihrem Pferd beim Zurückweichen nicht in die Augen; das irritiert und macht es noch unsicherer. Gehen Sie eben ein Stück zurück und beginnen von vorne.

Bei größeren Jungpferden hilft – wie beim Fohlen – das «Komm-mit» (s. Abb. 31).

Ist Ihr Pferd erst einmal 200, 300 m von zu Hause weg, beruhigt es sich und darf zur Belohnung ein wenig Gras rupfen oder an einem nicht giftigen Busch naschen.

Gehen Sie mit ihm viel im Schritt spazieren; lassen Sie sich bei den ersten halbstündigen Ausflügen nicht zu Trab oder gar Galopp verleiten, weil Sie im Laufen Ihr Pferd nur schwer zum Stehen bringen können. Und gehen Sie *immer nur im Schritt* nach Hause. So lernt es, ruhig und gehorsam neben Ihnen herzugehen, und wird auch später unter dem Reiter nicht heimwärtsstürmen. Es hat nämlich gelernt und begriffen, daß es nur im Schritt nach Hause gehen darf.

Gebrauchen Sie immer dieselben Kommandos und loben viel mit «so brav». Üben Sie das gleiche immer wieder. So prägen sich die Befehle dem jungen Pferd fest ein.

Stellen Sie sich vor, Sie wären in einem fremden Land gefangen und wüßten nicht, ob der «Gefängniswärter» es gut mit Ihnen meint, und verstehen die Sprache nicht! Wie froh wären Sie dann, wenn er Ihnen mit viel Geduld auf sanfte Art immer wieder in den gleichen Worten und Gesten klarmachte, was er von Ihnen will. Wie furchtbar jedoch für Sie, wenn er sie sofort hart straft, falls Sie einen Befehl nicht verstehen und deshalb auch nicht ausführen.

64

So ähnlich ergeht es dem Jungpferd im neuen Stall und mit dem neuen Besitzer. Es kann ja in unserem Sinn nicht «denken», nicht «kombinieren».

Lernen Sie, Ihr junges Pferd zu verstehen, dann wird es bald auch Ihre Wünsche begreifen.

Gehen Sie viel mit ihm spazieren, das fördert Freundschaft und das gegenseitige Vertrauen. Sprechen Sie viel mit ihm und verwenden bei allem stets die gleichen Kommandos. Mit «Komm, Schritt» oder nur «Komm» gehen Sie forsch los, das Pferd eventuell mit der Gerte sanft zum Mitgehen auffordernd.

Auf «Haaalt» oder «Steeeh» und einem Zupfen am Zügel beziehungsweise am Führriemen bleiben Sie beide stehen. Das ist wohl eines der schwierigsten Kommandos überhaupt. Viele Pferde haben nie gelernt, wann sie langsamer gehen oder stehenbleiben sollen. Hier werden viele Sünden begangen, die später nur schwer wieder gutzumachen sind.

Da hockt sich ein mutiger Reiter zum erstenmal auf ein junges Pferd. Einreiten nennt er das, wenn er ihm mit der Gerte auf Kruppe und Bauch schlägt und mit den Absätzen wild an den Rippen herumfuchtelt, bis das erschrockene Tier vorwärts stürmt. Nach etlichen solcher «Übungsstunden» weiß das Pferd, daß es nur losrennen muß, wenn der Reiter kaum im Sattel sitzt, sonst setzt es Schläge.

Ist ein junges Pferd mit dieser Methode erst einmal «flott gemacht», also zum «Angstrenner» geworden, kommen die Probleme mit dem Anhalten. Jetzt zieht der forsche Reiter an den Zügeln, das Gebiß schmerzt im Pferdemaul, und das Tier weiß nicht, was es eigentlich tun soll. Nun schimpft der Reiter und gibt ihm für den «Ungehorsam» auch noch einen Klaps mit der Gerte. So wird das Tier immer unsicherer; also werden immer schärfere Gebisse und Kandaren eingeschnallt, und der harte Zügelzug läßt das arme Pferd bald zum Nervenbündel werden. So erzielt man perfekte Durchgänger mit eisenhartem Maul. Eines Tages trennt man sich dann von der «Krücke, die sowieso nichts taugt», die man aber selbst dazu erzogen hat.

Deshalb üben Sie jetzt, solange das Jungpferd noch keinen Reiter trägt und Sie Zeit dazu haben, über Wochen das Marschieren an der Hand auf Kommando.

Sagen Sie «Komm», so geht das junge Pferd neben Ihnen her. Bei «Haaalt» und einem Zupfen am Zügel bleiben *Sie selbst* stehen, und fast immer hält das junge Pferd dann auch an. Es geht, wenn Sie gehen; es steht, wenn Sie stehen! Will es aber trotzdem weitergehen, so zupfen Sie diesmal energischer und sagen wiederum «Haaalt». Verlangen Sie das Anhalten so lange, bis Ihr junges Pferd *steht*. Zupfen Sie auffordernd vier-, fünfmal – mit kleinen Denkpausen dazwischen –, denn das Tier muß ja zunächst einmal *verstehen*, was Sie von ihm wollen!

Ziehen Sie niemals an den Zügeln; denn das Ziehen erzeugt einen steten Druck im Maul, der schmerzt – das Pferd wehrt sich dagegen.

Viele junge Pferde haben das «Komm, Schritt» und «Haaalt» bereits nach zwei Übungsstunden verstanden, andere brauchen zwei Wochen oder länger. Es ist völlig egal, wie oft Sie üben. Trainieren Sie jedesmal nur so lange, wie das junge Tier aufmerksam und willig mitmacht. Hat es eine Lektion nicht verstanden, üben Sie am anderen Tag weiter. Hat es offensichtlich keine Lust mehr, hören Sie für heute auf; denn überforderte Fohlen – Sie wissen es bereits – reagieren wie überforderte Kinder: mit Unlust, Aufsässigkeit und Frechheiten. Solange sie aber mit Spaß dabei sind, lernen sie leicht und gründlich.

«Komm, Schritt» und «Haalt» können Sie bei jedem Spaziergang üben; keine Angst, das wird nicht langweilig. Denn jetzt kommen neue Kommandos dazu: «Terrrab» und «Galoppp» für die ganz Sportlichen mit genügender Puste. Auf «Laaaangsam» mit gedehntem «a» oder auf leisen Pfiff verringern Sie beide das jeweilige Tempo. Und vergessen Sie nicht, Ihr junges Pferd für jeden Gehorsam ausgiebig zu loben. Ich kann das nicht oft genug wiederholen.

Bei den ersten gemeinsamen Ausflügen wird es sicher häufig erschrocken aufspringen. Strafen Sie es nicht dafür; denn es reagiert auf vermeintliche Gefahren instinktiv durch Wegspringen. Beruhigen Sie es mit freundlichen Worten. Zeigen Sie ihm den Gegenstand genau, vor dem es Furcht hat, lassen Sie es daran schnuppern und loben Sie es für seinen Mut.

Jedesmal wenn Ihr Fohlen sich ängstlich verspannt, sagen Sie einfache Sätze wie: «Hooo! Du brauchst doch vor dem Holzstoß keine Angst haben. Das sind nur gefällte Bäume, die dir nichts tun. Nun komm schon, riech mal daran, das riecht so gut nach frischem Holz...» Was Sie im einzelnen sagen, ist völlig gleichgültig. Wichtig ist der Tonfall, mit dem Sie dem unsicheren Fohlen die Furcht *wegreden*. Während Sie «Märchen»

erzählen, sind Sie auch schon am «gefährlichen» Holzstoß vorbei. So einfach ist das! Probieren Sie es gleich einmal aus!
Wenn all diese Kommandos dem jungen Pferd «in Fleisch und Blut gegangen» sind, ist das Weiterlernen vor dem Wagen oder unter dem Reiter problemlos.

Springen an der Hand

Wer nun Freude, die nötige Puste und sportliche Kondition dazu hat, bereitet das junge Pferd auch noch *an der Hand* auf das Springen vor.
Draußen im Gelände ist das natürlich viel reizvoller als in einer Halle oder Reitbahn. Irgendwo liegen niedrige entastete Baumstämme, kleine Reiserhaufen oder Strohballen, und auch schmale Gräben mit oder ohne Wasser verlocken zum Springen.
Zeigen Sie dem Lehrling den Gegenstand, über den Sie beide springen wollen. Lassen Sie ihn daran schnuppern oder mit den Vorderhufen scharren; so wird er als ungefährlich registriert.
Nun steuern Sie das soeben beschnupperte Hindernis im Schritt, dann im Trab an, sagen «Hopp» bei gleichzeitigem Antippen mit der Gerte und springen selbst hinüber. Das Jungpferd bleibt erst verdutzt stehen und wird dann mit einem riesigen Satz folgen.
Beim Springen an der Hand müssen Sie sehr vorsichtig sein: Bei zu kurzem Führseil kann das abstoppende junge Pferd Sie zu Fall bringen (Abb. 36), oder das später abspringende Tier kann Ihnen in den Rücken springen, wenn Sie nicht schnell zur Seite ausweichen. Bei zu langem Führseil wird es versuchen, am Hindernis vorbeizulaufen. Wenn möglich, bitten Sie einen Freund um Mithilfe: er kann im rechten Moment mit einem Klaps (Gerte) den Absprung erleichtern.
Springen Sie mit dem Pferd den gleichen Baumstamm, das gleiche Hindernis drei-, viermal hintereinander und von beiden Seiten, bis das Pferd das Wort «Hopppp» zu deuten weiß und mit Ihnen gleichzeitig abspringt. Vergessen Sie nie das ausgiebige Loben!
Bei weiteren Spaziergängen können dann andere geeignete niedrige Hindernisse gesprungen werden, immer mit dem gleichen Zeremoniell.

Abb. 36

Bald reizt der erste Graben zum Überspringen. Ein bewachsener Wiesengraben wird sicher problemlos mit einigen guten Worten genommen. Schwieriger wird es beim Wassergraben, vor allem, wenn das Wasser gurgelt und rauscht oder die Sonne die Oberfläche geheimnisvoll glitzern läßt.

Nehmen Sie sich bei diesen Versuchen einen oder besser zwei Freunde mit, ein 3–6 m langes Seil und Geduld und Zeit. Und wenn möglich ein Lehrpferd, das voraus geht.

Überlegen Sie genau, wo die günstigste Stelle am Graben ist: kein steiles Ufer, kein Sumpf auf beiden Grabenseiten, aber auch kein asphaltiertes Ufer. Wählen Sie einen Tag, an dem Sie viel Zeit haben und weder Kälte noch Regen Sie zur baldigen Umkehr zwingen. Denn was Sie beginnen, sollen Sie auch mit Erfolg zu Ende bringen – egal ob es zehn Minuten dauert oder zwei Stunden, sonst kostet es beim nächstenmal doppelte Mühe. Springen Sie beim erstenmal in Richtung Stall – das Zuhause lockt! Ihr junges Pferd wird zunächst ängstlich am weichen «Ufer» stehen bleiben oder gar entsetzt zurückweichen, obwohl das Lehrpferd längst auf der anderen Grabenseite steht. Reden Sie ihm gut zu und warten Sie, bis es nach wenigen Minuten neugierig am Grabenrand schnuppert oder sich dort Gräser rupft.

Ist es dann noch nicht bereit, Ihnen über den Graben zu folgen, treten die Freunde mit dem Hilfsseil in Aktion: Sie fassen es jeder an einem Ende, legen es um die Kniekehle des Jungpferdes, springen selbst über den Graben und zupfen nun einige Male auffordernd an den Seilenden.

Diesem Druck an den Hinterbeinen entzieht es sich nun mit einem mächtigen Sprung über den Graben. Jetzt müssen die Helfer und Sie schnell zur Seite ausweichen, damit Sie nicht umgerannt werden.

Loben Sie Ihr junges Pferd – es hat schließlich seine Angst überwunden, um Ihnen zu folgen!

Üben Sie an der gleichen Stelle das Überqueren noch zwei-, dreimal; es wird mit jedem Mal leichter.

An anderen Tagen kann der gleiche Bach an verschiedenen Stellen und später auch andere Wasserstellen durchlaufen oder übersprungen werden.

Und wieder lernte das junge Pferd etwas, was das Reiten und Fahren im Gelände später ungeheuer erleichtert und was es spätestens dann sowieso können soll.

Vorübungen und Vorstellen zur Pferdeschau

Ihr Pferd geht inzwischen wunderbar an der Hand mit. Es zeigt herrlichen Schritt und Trab. Und nun ist in vier Wochen in der Nachbarstadt eine Schau für diese Rasse angekündigt. Da wollen Sie natürlich auch dabei sein und hören, was die Herren Richter über Ihr junges Pferd zu sagen wissen. Also wollen Sie sich und Ihr Jungpferd schaubereit machen.

Wird ein Fohlen zur Schau gebracht, genügt bis zum Alter von einem Jahr ein Stallhalfter. Leder ist zwar stabil und haltbar, jedoch sicher nicht so attraktiv wie ein farbiges Nylonhalfter mit dazupassendem Führriemen. Diese Nylonhalfter und -riemen können in der Waschmaschine gereinigt werden und sehen dann wieder wie neu aus.

Ältere Fohlen und ausgewachsene Pferde müssen natürlich am Reithalfter mit dicker Wassertrense oder mit Gummigebiß (und Gummischeiben), jedoch ohne Sperrhalfter vorgestellt werden. Die Richter wünschen sich so wenig Leder wie möglich am Pferd, um es in seiner Natürlichkeit sehen und beurteilen zu können.

Die Hufe werden spätestens eine Woche vor der Schau berundet; denn nach jeder Veränderung am Huf braucht das Tier einige Tage, sich daran zu gewöhnen.

Sauberes Zaumzeug und eine ordentliche Gerte statt eines Holzknüppels (wie man ihn bei Kühen heute noch gebraucht) steigern den guten Eindruck eines gepflegten Pferdes. Das Zaumzeug darf aber nicht frisch gefettet sein, weil dadurch das Pferdefell schmierig wird oder sich verfärbt und die gefetteten Zügel Ihnen leicht aus der Hand gleiten können.

Zunächst jedoch heißt es, das Vorführen zu üben; denn oft erlebt man bei einer Schau Pferde, die von ihren Besitzern wie Kühe hinterher gezogen werden oder die wild herumtoben. Wie soll aber ein Richter zum Beispiel die Gangmechanik beurteilen, wenn ein Pferd nur zappelt oder steigt, aber keinen vernünftigen Schritt oder Trab herzeigt?

Auf ebenem, festem Weg üben Sie am Anfang das Nebeneinandergehen. Pferd und Vorführer gehen gerade gestellt so, daß der Vorführer etwa in Schulterhöhe des Pferdes und im Gleichschritt mit ihm marschiert. Das haben Sie und Ihr junges Pferd schnell herausgefunden. Auf festem Untergrund hören Sie, ob Ihr Pferd taktklar geht. Danach üben Sie auf weichem Boden weiter.

Nicht der schnellste Schritt oder Trab ist unbedingt der beste. Sie müssen herausfinden, bei welcher Schritt- bzw. Trabgeschwindigkeit sich Ihr Pferd besonders vorteilhaft präsentiert. Langsames Tempo kann schwunglos und steif sein, aber bei übereiltem Tempo werden die Tritte kürzer und der Rücken verspannt sich. Lassen Sie sich durch Ihren Freund das junge Pferd einmal vorführen, so sehen Sie besser, welches Tempo optimal ist.

Erreicht im Schritt der Hinterhuf des Pferdes nicht die Spur des Vorderhufes, ist der Schritt schlecht; erwünscht ist, daß der Hinterhuf die Spur des Vorderhufes eine Hufbreite oder mehr übertritt. Beim bloßen Hinschauen auf die Pferdebeine wird man leicht irritiert. Führen Sie deshalb bei trockenem Boden Ihr Pferd durch eine Pfütze oder waschen die Beine mit Wasser; die jetzt nassen Hufe hinterlassen eine deutliche Spur. Die Hufabdrücke von Vorder- und Hinterhuf können Sie leicht auseinanderhalten, weil der Vorderhuf groß und rund, der Hinterhuf deutlich kleiner und oval ist (Abb. 37).

Beim Trab ist der kurze, wenn auch schnelle Trippeltrab unerwünscht. Angestrebt wird der freie, raumgreifende Trab mit Schwung aus der Hinterhand.

Dem korrekten Hinstellen muß viel Zeit gewidmet werden, ist

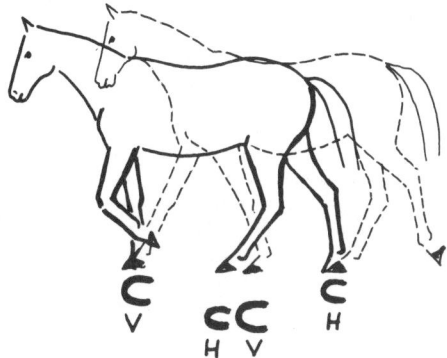

Abb. 37. V = Vorderhuf, H = Hinterhuf

es doch sehr schwer, ein junges Pferd im Beisein anderer und in fremder Umgebung zu ruhigem Stillstehen in einer bestimmten Positur zu bringen. Es soll so stehen, daß zu den Richtern hin alle vier Beine zu sehen sind, und zwar soll das «innere» Beinpaar – also Vorder- und Hinterbein der den Richtern zugekehrten Seite – weit auseinander, das «äußere» Beinpaar» etwas enger zusammenstehen (Abb. 38): So wirkt der Rücken von den Richtern aus betrachtet lang und gestreckt und der Hals bei etwas vorgestrecktem, doch hoch getragenem Kopf leicht und schmal.

Abb. 38

Am Schautag, zu dem Sie – selbst adrett gekleidet – sich mit frisch geputztem, bei warmem Wetter frisch gewaschenem Pferd mit sauberem Schweif, gekämmter Mähne und gepflegten Hufen einfinden, gehen Sie mit Ihrem Jungpferd im Schritt und Trab auf und ab, bis Sie an der Reihe sind. Wenn Sie nämlich am Rande zuschauen, Ihr Pferd neben sich mit schlafend eingehängtem Bein, können Sie beide anschließend nicht frei und elastisch laufen. Jeder Sportler muß warmgelaufen sein, soll er Leistung bringen. Selbst eine «simple» Schau ist Leistung für Sie und Ihr Pferd.

Der Richtring ist meist ein mit Sägemehl auf dem Boden gekennzeichnetes Dreieck, an dessen Spitze sich ein Rechteck anschließt, vor dem in einigem Abstand die Richter stehen (Abb. 39).

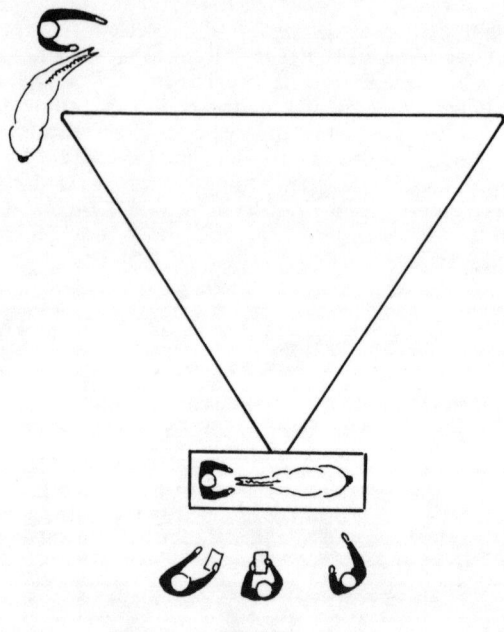

Abb. 39

Zunächst wird das Pferd korrekt mit dem Kopf nach links im Rechteck vor den Richtern hingestellt. Sie stellen sich vor Ihr junges Pferd, packen – Handbreit unter dem Maul – in jede Hand einen Zügel und spielen ein wenig mit dem Gebiß: So kaut es zufrieden, wird aufmerksam und bleibt – hoffentlich! – ruhig stehen. Zappelt es hin und her, müssen Sie erneut Aufstellung nehmen.

Beim anschließenden Vorführen auf Kommando der Richter packen Sie die Zügel zwei Handbreit unter dem Pferdemaul mit der rechten Hand, dazu das Zügelende, damit die Zügel nicht am Boden schleifen, und nehmen die Gerte in die linke Hand. Um ein Herumdrängen des Jungtieres zu vermeiden, wird der rechte Zügel etwas kürzer gefaßt, der Pferdekopf also von Ihnen weggehalten.

Nun gehen Sie wie zu Hause geübt nebeneinander zügig auf der Sägemehlspur des Dreiecks und treiben Ihr Pferd, wenn nötig, mit der Gerte ein wenig an. Ohne Gerte geht es, und meist sogar besser, wenn der Veranstalter einen Peitschenführer zur Verfügung stellt. In den Ecken des Dreiecks gehen *Sie um Ihr Pferd* herum, nicht umgekehrt. Heben Sie dabei die linke Hand mit der Gerte in Augenhöhe des Pferdes, das dann wie zu Hause geübt abbiegt (Abb. 40).

Abb. 40

In der zweiten Runde wird getrabt (Abb. 41).
So sehen die Richter das Pferd von sich weggehen (= 1. Dreieckseite), auf sich zukommen (= 3. Dreieckseite) und erken-

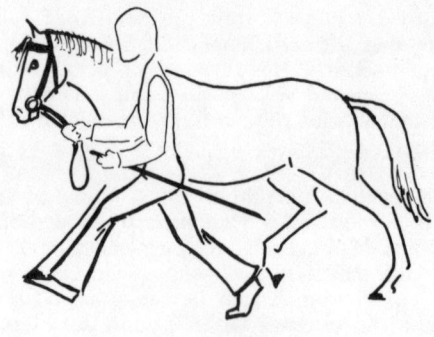

Abb. 41

nen, ob es korrekt geht oder wild mit den Beinen fuchtelt. Die 2. lange Dreieckseite zeigt ihnen das Pferd von der Seite, und sie sehen die Elastizität des Rückens in der Bewegung, Gangvermögen und Schwung aus der Hinterhand.

Gerichtet und gewertet werden Körperbau, Fundament und Gangvermögen und das für die jeweilige Rasse typische Aussehen. Jedes Pferd hat mehr oder weniger stark ausgeprägte Fehler – ein fehlerloses Pferd gibt es eben nicht. Die Richter versuchen, unter Abwägung aller Plus- und Minuspunkte, Ihrem Pferd den gerechten Platz in der Gruppe der Mitkonkurrenten zu geben.

Bei der nächsten Schau und unter anderen Konkurrenten kann das Ergebnis durchaus anders sein. Sie und Ihr junges Pferd sind dann vielleicht ruhiger, erfahrener oder haben einfach nicht so gute Mitstreiter wie bei der letzten Schau.

Die Richter können jedoch nie den echten Wert eines Pferdes bestimmen, weil der Charakter, der ein Pferd ja erst so besonders wertvoll macht, nicht meßbar und von Fremden nicht richtbar ist. Beurteilt wird also lediglich der Körperbau und der von daher zu erwartende Wert als Reit- oder Fahrpferd.

Abb. 42. So können Fohlen unbesorgt mitlaufen. In tröstender Nähe der Mamas sicher angebunden, lernen sie sogar schon Festzugstrubel kennen.

Mitlaufen an der Kutsche

Kutschfahren macht Spaß. Die Spaziergänger, denen man begegnet, und die Fußgänger im Dorf, durch das man fährt, sind hell begeistert, wenn gar noch ein Fohlen die Kutsche begleitet (Abb. 42).
Aber im heutigen Straßenverkehr ist es ausgeschlossen, ein Fohlen frei bei der Kutsche mitlaufen zu lassen. So ein junges Pferd springt neugierig plötzlich auf die andere Straßenseite und achtet nicht auf Autos und Motorräder. Das kann zu schlimmen Unfällen führen, für die dann der Pferdehalter haftbar gemacht wird. (Achtung: Ihre Versicherung wird Ihnen Fahrlässigkeit vorwerfen!) Ein Fohlen soll deshalb am Führseil mitgenommen werden. Wird es hinten an der Kutsche angebunden, dann soweit nach rechts, daß es nicht links auf die Straße und in den Verkehr laufen kann. Das feste Anbinden

75

bleibt problematisch, weil das (rechts angebundene) junge Pferd in die Speichen geraten oder sich mit dem Anbindeseil an einem Kilometerstein, am Pfosten eines Verkehrssignals verfangen kann (Abb. 43). Wird es zu kurz angebunden, rennt es dauernd gegen die Kutsche.

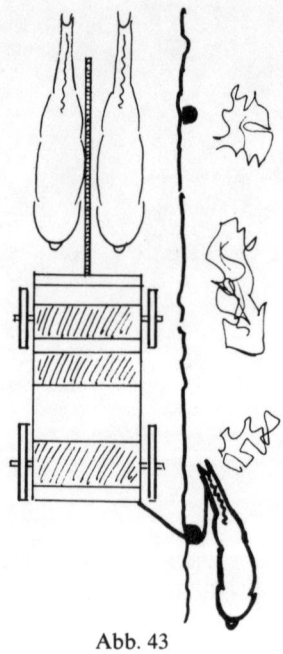

Abb. 43

Besser ist in jedem Fall das Mitführen von der Kutsche aus; ein Freund kann das Fohlen am Führseil sicher festhalten und durch entsprechendes Verkürzen oder Verlängern des Leitseils verhindern, daß das junge Pferd an die Kutsche stößt oder plötzlich nach rechts oder links auf die Straße laufen kann (Abb. 44). Keine Angst – das ist nur am Anfang schwierig. Die meisten Fohlen lernen bereits in einer halben Stunde, in gewissem Abstand der Kutsche zu folgen, ohne Sprünge nach rechts oder links.

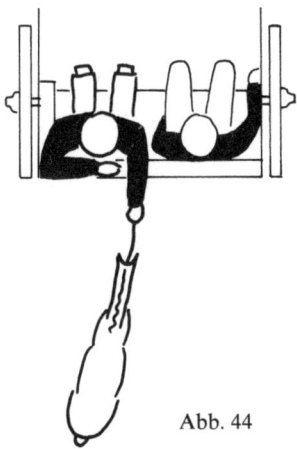

Abb. 44

Sind Sie dagegen allein mit dem Gespann unterwegs, dann muß das Fohlen rechts neben dem rechten Pferd angebunden mitlaufen. Binden Sie es keinesfalls am Halfter des rechten Pferdes an; es würde diesem bei jeder Bewegung am Maul ziehen oder gar das Lenken des Gespannes verhindern (tatsächlich schon geschehen). Besser binden Sie es am Bauchgurt so kurz fest, daß es weder vor das Gespann laufen kann noch beim Zurückbleiben ihm die Räder an die Beine fahren (Abb. 45).

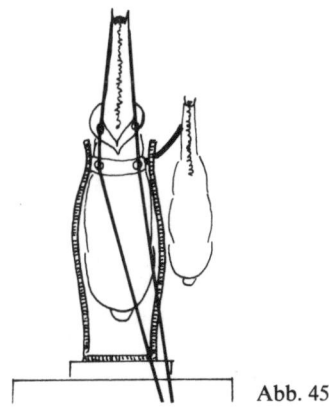

Abb. 45

Ältere Fohlen oder bereits Zweijährige können und sollen durchaus auch mitlaufen, ist dies doch die beste Vorbereitung für das erste Einspannen. Hier muß das Jungpferd jedoch bereits ein Reithalfter oder besser ein Fahrkopfgestell tragen.

Neben dem Einspänner in der Schere wird es mit dem Selett, durch dessen Ösen die Leinen geführt werden, mitgelenkt, ohne jedoch schon Geschirr zu tragen und zu ziehen (Abb. 46). Handwerklich geschickte Tüftler fertigen sich Zusatzriemen an (mehrfach verstellbar), um den Lehrling auch beim Zweispänner als drittes Pferd mit der Leine lenken zu können. Denn ein Fohlen, das älter als ein Jahr ist, darf nicht mehr ungelenkt bei der Kutsche mitlaufen. Es ist bereits zu kräftig, zu ungestüm und könnte ohne weiteres die Richtung des Gespannes ändern. Das ist aber beim heutigen Straßenverkehr lebensgefährlich.

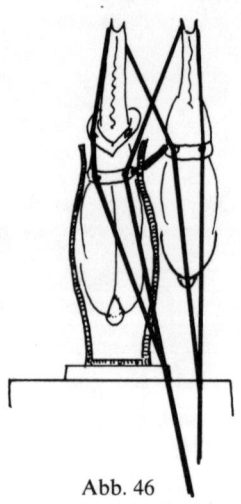

Abb. 46

Nehmen Sie bei solchen Fahrten Rücksicht auf die ungeschützten Hufe des Mitläufers: Meiden Sie so gut es geht feste Wege. Lenken Sie das Gespann so, daß der Lehrling nicht auf den Randschottersteinen oder halb im Straßengraben laufen muß.

Sicher finden Sie Wege, wo das Mitlaufen selbst dem Jungpferd Spaß macht. Es lernt viele Wege kennen, verliert seine Scheu vor unbekannten Gegenständen am Wegrand, lernt die Geräusche der Kutsche, das Klirren der Ketten oder Schnallen und das Knirschen der Räder am Boden ohne Angst ertragen. Wird es später selbst eingespannt, ist es ein problemloses, zuverlässiges Kutschpferd.

Mitlaufen als Handpferd

Immer wieder begegne ich Reitern, die ihr Fohlen neben der Mutter frei mitlaufen lassen. Sorglos reiten sie so durch Feld und Wald und sogar in Ortschaften. Vor Jahren haben wir das auch so gemacht, weil es viel bequemer ist, als sich mit einem Fohlen als Handpferd abzugeben. Aber seit einem bösen Unfall bei Bekannten und einigen eigenen unangenehmen Erlebnissen sind wir vorsichtiger geworden.

Das Fohlen der Bekannten lief, lustig ausschlagend, gerne mit. Bei einem der Freudenbuckler traf der Jährling die Reiterin so unglücklich am Bein, daß es gebrochen war. Eines unserer Fohlen lief einmal in eine offene Koppel hinein und wußte nicht mehr herauszukommen, während die Reitpferde weiterliefen. Beim Überspringen des Zaunes verletzte es sich so, daß wir sofort nach Hause reiten und den Tierarzt rufen mußten. – Ein andermal steckte ein Fohlen neugierig den Kopf in einen Puppenwagen, blieb dabei mit der Puppe im Mäulchen im Verdeck hängen, schleuderte den Puppenwagen in Panik weg und schlug auch noch nach dem heulenden Mädchen aus. Seitdem steht für mich fest, daß unsere Fohlen nur noch dann frei mitlaufen dürfen, wenn wir freies Gelände haben und mit keinen Fußgängern oder Fahrzeugen rechnen müssen. Wenn man noch dazu bedenkt, daß mancher Jährling oder Zweijährige unterwegs plötzlich kehrtmacht und nach Hause läuft, also sowieso nicht mehr frei mitlaufen soll, dann muß das Jungpferd spätestens jetzt lernen, problemlos als Handpferd mitzulaufen, und zwar: zunächst rechts vom Reitpferd – also vom Verkehr weg; wenn es das kann auch links (falls man einmal zwei oder noch mehr Handpferde mitführen muß); schließlich hinter dem Reitpferd (falls man eine enge Stelle passieren muß).

Das Anlernen als Handpferd ist nicht einmal schwierig, wenn man ein wenig Zeit und Geduld opfert, einen Helfer und vor allem ein besonders zuverlässiges, ruhiges Reitpferd hat.

Fohlen werden am Stallhalfter mit Führriemen, ältere Pferde am Zügel mitgenommen. Ganz ungestüme Vorwärtsgänger laufen besser am Führriemen mit kleiner Kette, die zunächst durch den linken Gebißring, dann unter dem Pferdekinn hindurch in den rechten eingeschnallt wird (analog Abb. 34): So übt der Führriemen bei heftigem Stürmen des Handpferdes starken Druck in der Kinngrube aus, ähnlich der Kandarenkette.

Das Reitpferd muß verträglich und dem Reiter vertraut sein. Es darf sich nicht mitziehen lassen, darf nicht durchgehen, buckeln oder nach dem Lehrling beißen oder schlagen.

Für die ersten Handpferdeübungen wählen Sie einen geschlossenen Platz oder eine relativ ebene Koppel. Sonst dürfen keine weiteren Pferde dabeisein, weil sie die beiden «Übungsteilnehmer» ablenken würden, möglicherweise nach ihnen ausschlagen oder gar zwischen ihnen durchlaufen wollen.

Sie sitzen also auf Ihrem Reitpferd und haben den Sattelgurt besonders sorgfältig nachgezogen, damit der Sattel nicht rutschen kann. Vorne an der Kammer des Sattels ist eine kleine, stabile Lederschlaufe in Ringen befestigt, an der Sie sich im Notfall festhalten können, wenn das Handpferd stürmisch losrennt.

Sie sollten vorher das einhändige Reiten *auch ohne deutliche Gewichtsverlagerung* üben; denn ein heftiges Handpferd kann Sie zu ständigem Hin und Her im Sattel zwingen, und das ja auf Gewichtsverlagerung trainierte Reitpferd würde völlig unsicher.

Packen Sie anfangs die Zügel des Handpferdes nicht mit dem rechten Zügel des Reitpferdes zusammen: Das unruhige Handpferd kann vorstürmen, zur Seite springen oder plötzlich stehenbleiben – jedesmal gäbe das über Ihre Hand ungewollte, harte Stöße im Maul des Reitpferdes.

Also nehmen Sie die Zügel des Reitpferdes und die Gerte in die linke Hand. Mit der Rechten fassen Sie den Führriemen oder die Zügel des Handpferdes, die unter dessen Hals in Ihre rechte Hand kommen (s. Abb. 47).

Wickeln Sie *nie (!)* in der Absicht, besonders festzuhalten, die Zügel oder die Schlaufe des Führriemens um das Handgelenk: Stürmt das Handpferd zu heftig vorwärts, können Sie die Zügel nicht schnell genug loslassen und werden aus dem Sattel gezogen. Und binden Sie *nie (!)* das Handpferd am Sattel des Reitpferdes fest. Stürzt eines der beiden, zieht es das andere mit

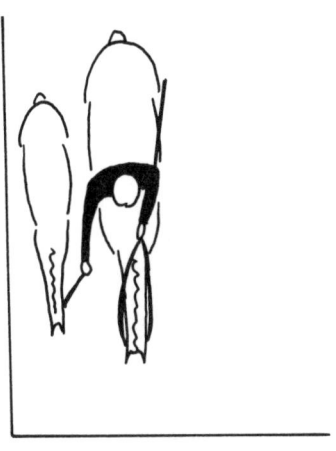

Abb. 47

um. Stürzen Sie, können Sie zwischen die beiden fallen, hängenbleiben und nachgeschleift werden.

Nun kann die Übung beginnen: Auf das Kommando «Komm» tritt Ihr Pferd an, und das Handpferd folgt nach einem ermunternden Antippen mit der Gerte durch den Helfer. Läuft es dabei vor Ihr Reitpferd, ist der Führriemen zu lang. Ein Zurückbleiben verhindert der Helfer mit der Gerte (Vorsicht: Abstand halten wegen evtl. ausschlagender Beine).

Auf «Haaalt» und ein leichtes Zupfen an den Zügeln stehen Reit- und Handpferd (s. Kapitel «Spazierengehen»). Trippelt Ihr Handpferd beim Anhalten unruhig hin und her und läßt es sich auch mit freundlichen Worten nicht beruhigen, dann sollen beide Pferde mit einem «Komm» sofort wieder antreten. Zum nächsten Halteversuch reiten Sie auf eine Ecke zu, so daß dem Handpferd beim Kommando «Haaalt» – vor und rechts neben sich die Platzbegrenzung, links neben sich Sie auf dem Reitpferd – gar keine andere Möglichkeit bleibt als anzuhalten (Abb. 47). Nun loben Sie ausgiebig das Handpferd, aber auch Ihr Reittier, das noch bei Bocksprüngen und anderen Ungezogenheiten des Jungpferdes gehorsam und vernünftig bleiben muß. Das üben Sie zunächst einmal solange im Schritt, bis das Handpferd gehorsam die beiden Befehle «Komm» und «Haaalt»

befolgt sowie rechts- und linksum gehen kann. Das alles begreift ein williges Fohlen oft schon nach einer halben Stunde.
Nun können Sie Ihr Handpferd mit der Gerte selbst dirigieren. Dabei haben Sie entweder die Gerte in der rechten Hand, also zwischen den beiden Pferden – was aber nur möglich ist, wenn beide nicht allzu empfindlich auf die Gerte reagieren –; oder Sie lassen die Gerte in der linken Hand, müssen dann aber bei Bedarf *flink* alle Zügel in die Rechte nehmen und mit der Linken hinter Ihrem Rücken das Handpferd auf der Kruppe antippen (Abb. 48).

Abb. 48

Gewöhnen Sie das Handpferd aber beizeiten an aufmunternde Zurufe – wie «Vorwärts» – und beruhigende – wie «Hooo, laaaangsam» oder an einen bestimmten Pfiff, dann brauchen Sie bald keine Gerte mehr.
Damit hat Ihr Handpferd bereits viel gelernt. Loben Sie es für seine Mitarbeit und hören mit der Lektion für heute auf, um es nicht zu langweilen oder zu ermüden.
An weiteren Übungstagen können Trab- («Terrrab») und Galoppreprisen («Galoppp») geübt werden. Bei plötzlichem Vorstürmen fassen Sie mit der rechten Hand und den Zügeln des Handpferdes in den Hilfsriemen am Sattel, um nicht vom Reitpferd gezogen zu werden. Beruhigen Sie beide Pferde mit sanfter Stimme. Sie dürfen unter keinen Umständen schreien oder schimpfen, sonst rennen die beiden noch mehr.
Später kann das Jungpferd auch an der linken Hand mitgehen

lernen. Es soll abwechselnd rechts und links mitgehen: Sonst würde es im Laufe der Zeit einseitig gymnastiziert, weil das Handpferd den Kopf immer leicht zum Reitpferd neigt.

Erst wenn dies alles keine Probleme mehr aufwirft – das kann Wochen dauern, ohne jedoch langweilig zu werden –, können Sie die Zügel des Reitpferdes wie gewohnt in beide Hände nehmen und die Zügel des Handpferdes mit in die Rechte (wenn es rechts geht) oder in die Linke dazunehmen.

Nun haben viele männliche Jungpferde die unangenehme Angewohnheit, als Handpferd spielerisch nach dem Reitpferd zu schnappen, es in den Hals zu beißen oder nach ihm zu treten. Das Reitpferd beißt nach einiger Zeit zurück, soweit es die Zügel erlauben, und beide Pferde entziehen sich Ihrer Einwirkung. Deshalb müssen Sie das Beißen unbedingt verhindern: Zupfen Sie kurz an den Zügeln des Handpferdes und sagen Sie dabei strafend «Nein» oder «Na!» Hört das spielerische Schnappen nach 10–15 Minuten noch nicht auf, dann halten Sie den Kopf des Handpferdes mit einem Hilfszügel (Ausbinder) leicht nach außen. Sobald beide verstanden haben, daß sie nicht nacheinander schnappen dürfen, kann der Hilfszügel wegbleiben. Nun genügt das «Nein» oder «Na», um das Handpferd zur Ordnung zu rufen. (Gelegentlich müssen auch alte, erfahrene Pferde mal wieder nacheinander schnappen.)

Noch unangenehmer als das Schnappen ist das gegenseitige spielerische Ausschlagen. Meist beginnt das Handpferd nach dem Reitpferd auszutreten, das bald zurückschlägt. Sie als Reiter sind dann recht hilflos, haben berechtigte Angst vor Huftritten und fürchten, beide Pferde nicht mehr bändigen zu können.

Wenn also Ihre Pferde gegeneinander ausschlagen, verkürzen Sie die Zügel so, daß die Köpfe der beiden extrem zueinander zeigen (Abb. 49). So kommen die Hinterbeine weit auseinander und schlagen, wenn überhaupt, ins Leere. Schimpfen Sie dabei laut «Na» oder «Nein», und geben Sie dem, der immer wieder anfängt, eine strafende Parade. Mit der Gerte erreichen Sie nicht viel, weil erstens die meisten Jungpferde sowieso nach der Gerte ausschlagen, und weil zweitens Sie die Gerte nur schwer gezielt an der Hinterhand einsetzen können.

Aber das Ausschlagen gibt sich mit der Zeit, und wenn nach einigen Übungsstunden beide Pferde problemlos Kopf an Kopf gehen, können Sie ins Gelände.

Dort warten viele Abenteuer auf Sie und Ihre beiden Pferde:

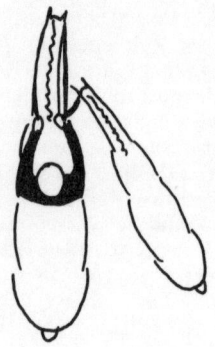

Abb. 49

Baumstämme laden zum Überspringen ein, der nahe Fluß reizt zum Beinekühlen. Feldscheunen, flatternde Planen, Strohhaufen, Kartoffelmieten, Brücken, Straßenverkehr und Begegnungen mit Wild gestalten Geländeritte abwechslungsreich.

Das Handpferd wird mit allen Situationen vertraut gemacht, denen es später als Reitpferd immer wieder ausgesetzt ist. Es lernt der Zügeleinwirkung und der Gertenhilfe sowie der beruhigenden Stimme gehorchen. Es gewöhnt sich an die links oder rechts an seinen Bauch und die Beine pendelnden Steigbügel und Reiterbeine; so trägt es später problemlos einen Reiter.

An der Longe

Das Laufen an der Longe nennt man Longieren. Longiert werden junge Pferde aus vielen Gründen, zum Beispiel:

Ein krankes Fohlen soll nur leichte Bewegung unter Aufsicht haben; oder vor einer Schau soll sich das Fohlen warmlaufen, wie ein Sportler; oder es soll den Übermut ausbuckeln, wenn es aus dem Stall kommt und kein Auslauf freie Bewegung erlaubt.

Wenn Sie Zeit und Lust dazu haben, kann Ihr drei Monate altes Fohlen bereits an der Longe laufen, natürlich nur für 10–15 Minuten; so lernt es schon früh, der Stimme des Longeurs und der Peitschenhilfe zu gehorchen.

Longieren ist für den Zuschauer zunächst ein simples «Im-

84

Kreis-Laufen» des jungen Pferdes und sieht so einfach aus. In Wirklichkeit gehört viel Geduld dazu, ein lebhaftes junges Pferd an die Arbeit mit der Longe zu gewöhnen.

Ohne Helfer sollen Sie diese schwierige Lektion überhaupt nicht beginnen, ebensowenig ohne fest eingezäunten Platz von 15–20 m Durchmesser!

Wollen Sie den Reitplatz zum Longieren benutzen, trennen Sie mit Hindernissen einen Teil ab (Abb. 50). Ohne Begrenzung wird das junge Pferd immer wieder plötzlich ausbrechen; dabei werden Sie umgerissen und können mitgeschleift werden; die Longe schlägt dem erschrockenen Tier an die Beine, es tritt darauf, und jedesmal gibt es brutale Rucke im Pferdemaul; es kann sich in der Longe verfangen, stolpern oder irgendwo hängenbleiben. In Zukunft wird ein Longieren mit diesem geschockten Jungpferd sehr problematisch.

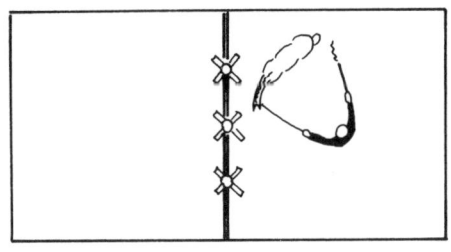

Abb. 50

Der Boden soll weich sein, damit nicht die Beine, vor allem beim Fohlen, überlastet und die Hufe zu stark abgenutzt werden. Auch bietet weicher Boden den Pferdehufen mehr Halt.

Ein Fohlen bis zum Alter eines Jährlings kann man durchaus am *Stallhalfter* und ohne Gurt (und Ausbinder) longieren; beim älteren Pferd wird die *Trense* angelegt – eventuell über das Stallhalfter. Wer es so gewohnt ist, kann dann Longiergurt oder Sattel auflegen und zwei Ausbindezügel einschnallen. Chambon und Kappzaum – an sich ideal zum Longieren – sind teuer. Sie können mit der Trense arbeiten, die Sie sowieso schon besitzen, und brauchen dann zusätzlich nur noch Longierleine und Longierpeitsche. Die Longe ist eine mindestens 7 m lange, kräftige Leine mit Karabinerhaken und Handschlaufe. Die Longierpeitsche mit langer Peitschenschnur (Schlag) ermöglicht es, vom Mittelpunkt des Zirkels das Pferd jederzeit zu erreichen.

Der *Bauchgurt,* falls Sie mit Longiergurt oder Sattel arbeiten, wird auch beim jungen Pferd fest (aber nicht ruckartig) angezogen, damit Longiergurt oder Sattel nicht auf dem Pferderücken hin und her schwanken. Den Bauchgurt muß man nach 3 Minuten gegebenenfalls nachgurten.

Die *Steigbügel* werden hochgezogen und der Bügelriemen so durchgeschlungen, daß die Bügel fest liegenbleiben (Abb. 51).

Die *Zügel* können Sie

1. ausschnallen und weglegen, oder

2. zweimal um den Pferdehals schlingen (Abb. 52), oder

3. durch den Kehlriemen zum Sattel legen und dort im Notriemen festschnallen (Abb. 53), oder

4. knoten und die Mitte am Notriemen festschnallen, damit der Knoten nicht bei jeder Bewegung hin und her rutscht (Abb. 54), oder

5. durch die hochgezogenen Steigbügel über den Sattel legen (Abb. 55).

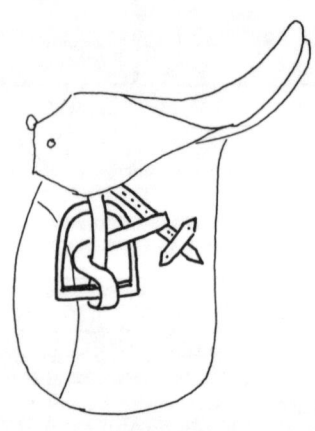

Abb. 51

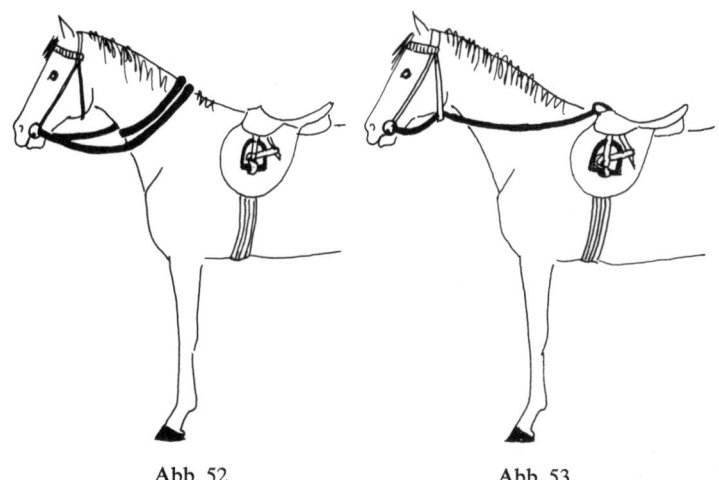

Abb. 52   Abb. 53

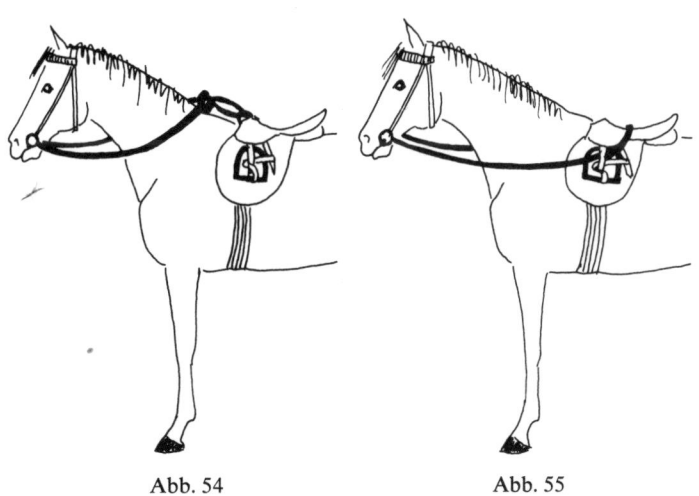

Abb. 54   Abb. 55

87

Jedenfalls müssen die Zügel so verwahrt werden, daß sie beim Laufen nicht einseitig herunterrutschen. Verfangen sich nämlich die Pferdebeine darin, reißen die Zügel, und das Pferd spürt starke Schmerzen im Maul.

Wollen Sie nicht ohne *Ausbinder* longieren, dann nehmen Sie nur solche, die durch starke Gummiringe in der Mitte dehnbar gemacht sind (Abb. 56). Die Ausbinder werden an die dafür

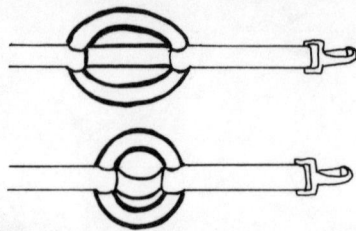

Abb. 56. Ausbinder mit Gummiring. Oben: auseinandergezogen; unten: in Ruhe.

vorgesehenen Ringe oder Schlaufen des Longiergurtes oder an den vorderen Teil der zweigeteilten Sattelgurte geschnallt; so verhindert man das Abrutschen der Ausbinder. Die Karabinerhaken am anderen Ende werden in den jeweiligen Gebißring gehakt. Die Ausbinder müssen so locker geschnallt sein, daß ein junges Pferd sich dehnen und mit langem Hals laufen kann (Abb. 57). Mit zu kurzen Ausbindern «schrauben» Sie ein Pferd zusammen, es verspannt sich, die Tritte werden kurz, und

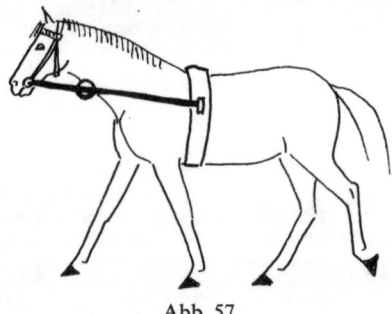

Abb. 57

das gute Gangwerk geht verloren; im Maul wird es hart, weil es festgehalten wird, die Halsmuskulatur verkrampft sich, ein guter Hals kann zum Hirschhals werden, und der Vorwärtsdrang geht verloren: Das sind die Folgen der kurzen Ausbinder beim jungen Pferd (Abb. 58).

Abb. 58

Die *Longe* kann man auf verschiedene Arten einschnallen; es muß dabei in jedem Fall verhindert werden, daß das Gebiß durchs Pferdemaul gezogen wird:
1. Gummischeiben neben den Gebißringen verhindern das Durchziehen (s. Abb. 33). Die Longe kann problemlos in den jeweils inneren Gebißring eingeschnallt werden.
2. Man kann den Kinnriemen des Sperrhalfters (= Hannoversches oder Englisches Reithalfter) durch beide Gebißringe legen; der Kinnriemen muß locker verschnallt werden, damit die Gebißringe nicht fest an die empfindlichen Maulwinkel gepreßt werden (Abb. 59).

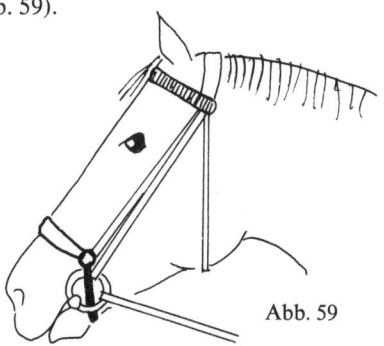

Abb. 59

3. Manche Longeure ziehen die Longe durch den inneren Gebißring und unter dem Kinn durch den äußeren. Allerdings werden so bei jedem Zupfen an der Longe die beiden Gebißringe zusammengezogen; das Gelenk des Gebisses drückt auf den Gaumen, das Pferdemaul wird zusammengepreßt – kurz, eine schmerzhafte Sache in der Hand des Ungeübten.

Vor allem für junge Pferde oder Fohlen kommen nur die zwei folgenden Arten, die Longe einzuschnallen, in Frage:

4. Schnallen Sie die Longe in den inneren Ring des Stallhalfters; der Druck am Stallhalfter wirkt über den Pferdekopf, nicht jedoch über das Gebiß im empfindlichen Pferdemaul. In das Stallhalfter kann zur Gewöhnung ein Gebiß eingeschnallt werden.

Oder das Jungpferd trägt Reit- und Stallhalfter; das obenliegende Halfter muß so locker verschnallt werden, daß das darunterliegende nicht an den Pferdekopf gepreßt wird. Man kann die Longe nun durch Gebißring und Ring am Stallhalfter ziehen, aber so, daß der Druck zuerst über das Stallhalfter, dann erst über den Gebißring wirkt (Abb. 60).

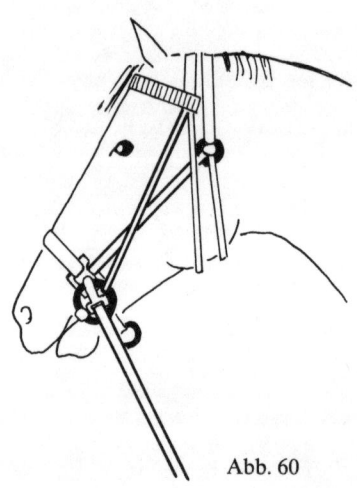

Abb. 60

5. Ideal ist natürlich der Kappzaum, den man mit geringen Mitteln teilweise nachahmen kann. Über den Nasenriemen eines Sperrhalfters wird ein Ring genäht, so daß das Halfter zu einer Art Kappzaum wird. In diesen Ring über der Nase, statt im Gebißring, wird nun die Longe eingeschnallt: sie wirkt jetzt über den Pferdekopf (Abb. 61).

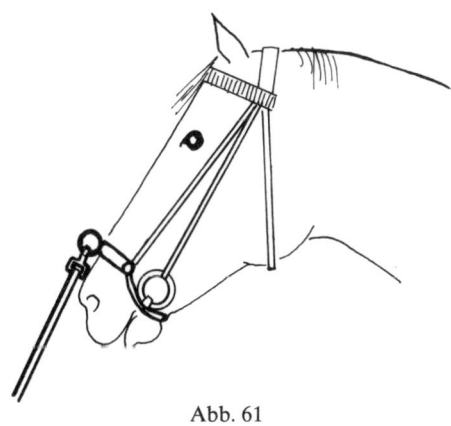

Abb. 61

Ihr Pferd steht nun mit Trense und Gurt (und evtl. Ausbindern) bereit zum Longieren. Die Longe liegt in geordneten Schlingen in Ihrer linken Hand, die Longierpeitsche in der rechten.

Nun führt ein Helfer das junge Pferd auf den Zirkel. Sie selbst gehen langsam vom Pferd weg in die Mitte, indem Sie die einzelnen Longenschlingen abwickeln und das Longenende in der linken Hand halten. *Wickeln Sie nie das Ende einige Male ums Handgelenk,* weil Sie meinen, so mehr Halt zu haben. Wenn das junge Pferd heftig zieht und Sie die Balance verlieren, ziehen sich die Schlingen zu und Sie werden mitgeschleift. Mit der Linken fassen Sie also das Longenende, mit der Rechten halten Sie die Peitsche, deren Ende nun auf die Hinterhand des Pferdes zeigen soll. Ein Helfer führt das junge Pferd zunächst linksherum im Kreis und geht dabei außen, packt mit der Linken das Halfter, in der Rechten hält er eventuell eine Gerte (Abb. 62).

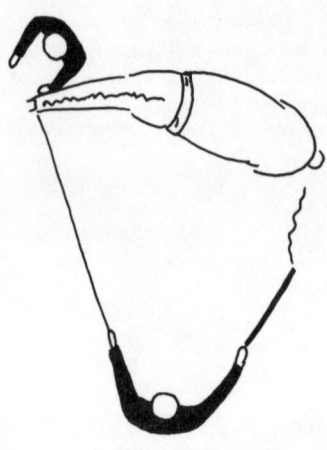

Abb. 62

Sie treiben Ihr Pferd mit den gewohnten Kommandos an: «Komm, Schritt», «Vorwärts», während Ihr Helfer wortlos nebenher geht. Kommandieren Sie gelegentlich «Haaalt» oder «Steh», wobei Ihr Helfer das Pferd durchpariert und ebenfalls stehenbleibt. Er darf nicht sprechen, weil das Pferd sich völlig auf Ihre Kommandos aus der Mitte konzentrieren soll. Lassen Sie immer an anderer Stelle halten, damit das junge Pferd nicht automatisch am gleichen Platz stehenbleibt.

Sobald es diese Kommandos befolgt, bleibt der Helfer zurück, während der Lehrling weiterläuft. Will das junge Pferd nun stehenbleiben, tippen Sie mit der Peitsche an seine Hinterbeine und fordern es mit energischen Worten zum Weitergehen auf. Schlagen Sie aber nie erbost von oben herab auf Kruppe, Rücken oder Schulter: Ihr Pferd kann sonst bald vor allem, was von oben kommt, also auch vor Sattel und Reiter, Angst haben.

Will es in die Mitte kommen, zeigen Sie mit der Peitsche in Richtung Pferdekopf und sagen warnend «Nein». Kommt es trotzdem nach innen, legen Sie schnell die Longe zu Schlingen in die Hand, damit weder Sie noch das Pferd darin hängenbleiben können (Abb. 63). Sofort geht Ihr Helfer zum Lehrling und bringt ihn ohne Schreien oder Schlagen wieder auf die Zir-

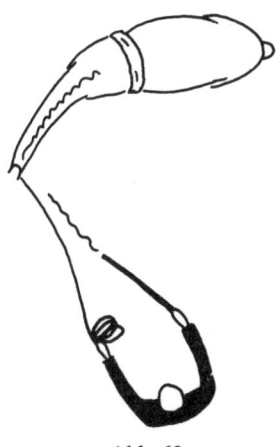

Abb. 63

kellinie (Longenschlingen abwickeln). Ihr Pferd soll lernen, auf der Zirkellinie zu bleiben. Das klappt natürlich nicht gleich in fünf Minuten. Aber Sie haben ja Zeit und versuchen es immer und immer wieder. Nach einer Viertelstunde Übungszeit hören Sie für heute auf und üben am anderen Tag weiter. Nach drei bis vier Übungstagen hat Ihr junges Pferd verstanden, daß es gelobt und belohnt wird, wenn es brav im Kreis läuft und auf Kommando stehenbleibt.

Üben Sie anfangs nie länger als 15–20 Minuten, weil Ihr junges Pferd sonst die Lust an der Longenarbeit verlieren kann und dann widersetzlich wird.

Wollen Sie mit dem Longieren aufhören, klemmen Sie die Peitsche schräg unter den Arm, deren Spitze hinter dem Rücken nach oben zeigt; dabei ist der Schlag einige Male durch leichtes Drehen um den Schaft zu wickeln, damit er nicht herumpendelt und Sie oder das Pferd darüber stolpern (Abb. 64).

Mancher Longeur legt die Peitsche zu Boden, wenn er zum Pferd geht; aber sobald er wieder mit der Arbeit anfängt, bückt er sich danach, um sie aufzuheben, und das ängstliche Pferd rennt weg und schleift den Lehrmeister an der Longe nach.

Also nehmen Sie sicherheitshalber die Peitsche unter den Arm – Ihr junges Pferd wird sich bald daran gewöhnen – und

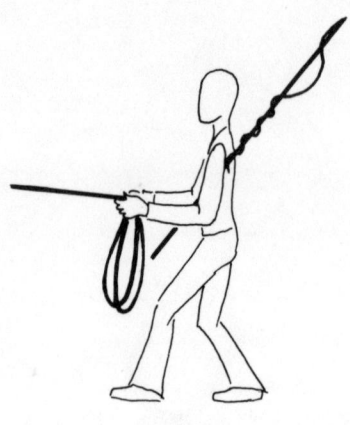

Abb. 64

legen die Longe zu großen Schlingen in die linke Hand, während Sie zum Pferd gehen. Sie darf nie am Boden schleifen.

Loben Sie den Lehrling für seine bisherige Arbeit, geben Sie ihm eine Leckerei, so geht das Longieren am anderen Tag nochmal so gut.

Sobald kein Helfer mehr neben Ihrem Pferd mitmarschieren muß, kommen «Terrrab» und «Galoppp» dazu. Das Verlangsamen der jeweiligen Gangart geschieht durch ein leichtes Zupfen an der Longe (= aufmerksam machen) und mit einem langgedehnten «Hooo» oder »Laaangsam». Sie bleiben dabei immer im Mittelpunkt stehen, laufen also nicht hin und her.

Loben Sie viel mit «So fein», «Braaav», «Schöön»; das sind schlichte Worte, die sich ein junges Pferd gut merken kann.

Hat es nun all diese Übungen, wie Schritt, Trab, Galopp und Halt auf der «linken Hand», also linksherum, verstanden, lernt es dieselben Begriffe auch für die «rechte Hand», also rechtsherum.

Dazu wird die Longe an der rechten Kopfseite verschnallt oder sie bleibt, wenn sie am Ring auf der Nase befestigt ist, dort. Die Longe gehört nun in Ihre Rechte, die Peitsche in die Linke.

Anfangs führt der Helfer das Pferd einige Runden, später läuft es auf die gewohnten Kommandos allein rechtsherum.

Würde das Pferd nur immer auf derselben Hand laufen (z. B.

Abb. 65

linke Hand), würde es im Laufe der Zeit einseitig gut bemuskelt und beweglich, auf der anderen aber steif sein. Ein gleichmäßiges Training erreichen Sie nur, wenn Sie sorgfältig darauf achten, daß genau soviel auf der rechten wie auf der linken Hand geübt wird.

Mit zunehmendem Training können Sie die Übungszeit verlängern, müssen jedoch immer im Schritt aufhören, damit das junge Pferd ruhig und nicht erhitzt zur Weide oder zum Stall zurückkommt.

Fohlen sind beim ersten Longieren schwieriger, weil sie so quirlig sind und blitzschnell mal wegspringen können. Das abzufangen, braucht viel Erfahrung und ebenso viel Körperkraft und Geduld. Einfacher wird es, wenn ein Fohlen bereits gelernt hat, neben der Mama oder einem anderen ihm bekannten Stallgenossen innen angebunden mitzumarschieren.

Unser Maxi mit seiner Bierruhe wird mit einem Fohlen spielend fertig (Abb. 65); ob es sich hinwirft oder nach ihm beißt, steigt oder ausschlägt, er geht mit drohend zurückgelegten Ohren, aber unbeirrt weiter, meinem Kommando gehorchend. Wie schnell gibt das Fohlen auf, wenn es merkt, daß alle seine Kapriolen nichts nutzen.

Den Lehrmeister halten Sie also an der Longe wie sonst auch.

Das Fohlen wird mit einem Verbindungsseil vom Stallhalfter am Longiergurt festgehakt (Panikhaken, nie Seil verknoten!). Das Fohlen soll stets innen laufen. So hat es im Zirkel den kürzeren Weg, und Sie können es mit der treibenden Peitsche erreichen. Es soll ferner so lang wie möglich am Bauchgurt des Führpferdes angebunden sein, damit es frei laufen, andererseits so kurz, daß es nicht vor dessen Hufe springen kann. Das Zurückbleiben verhindern Sie mit der leicht treibenden Peitsche, das Vorwärtsstürmen fängt das Lehrpferd gelassen am Bauchgurt ab (Abb. 66).

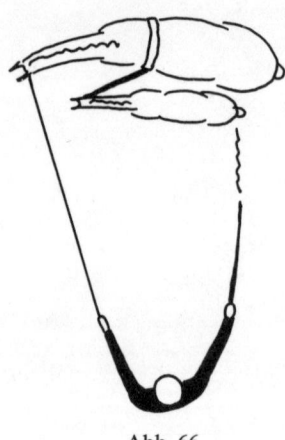

Abb. 66

Binden Sie den Lehrling niemals an das Reithalfter des Führpferdes an. Jede Ungezogenheit des Jungpferdes spürt der gehorsame Lehrmeister sonst schmerzhaft im Maul. Nach drei bis fünf Übungsstunden läuft das Fohlen auch ohne Lehrmeister, also allein an der Longe. Wenn Sie später Bodenstangen, Bodenricks und niedrige Hindernisse in der Longierbahn plazieren, gewöhnt sich ein junges Pferd an der Longe auch an das Springen (Abb. 67). Sogar zu zweit nebeneinander springen Fohlen und Lehrmeister in guter Manier (Abb. 68).
Die Hindernisse können Sie einfach auf der Zirkellinie auf-

Abb. 67

bauen, die das Pferd vom Longieren her kennt. Andere Longeure stellen die Hindernisse etwas nach innen; das junge Pferd
läuft dann zunächst auf dem Zirkel wie sonst, bis der Longeur
die Longe verkürzt und es so weiter nach innen und über den
Sprung holt. Dabei hebt man die Longe mit der Hand hoch,
damit sie nicht den Hindernisholm streift oder daran hängen-
bleibt.
Lassen Sie ein Pferd vor dem Sprung niemals wild im Kreis
galoppieren, sondern lassen Sie es aus dem Trab springen. So
lernt es, ein Hindernis zu taxieren und geschickt zu springen.
Männliche Jungpferde, ob Hengst oder Wallach, steigen gerne
an der Longe, wenn ihnen etwas nicht paßt – oder eben aus
Übermut. Geschieht es im Fohlenalter, ist es leicht abzugewöhnen: Sobald der kleine Kerl nur noch auf den Hinterbeinen
steht, die Vorderbeine hoch in der Luft, ziehe ich an der Longe
blitzschnell seitwärts, und der Steiger verliert die Balance (Abb.
69). Das ist im Fohlenalter und *bei weichem Boden* relativ
ungefährlich; aber der Schreck des plötzlichen Hinfallens läßt
die jungen Raufbolde das Steigen an der Longe nach wenigen

97

Abb. 68

Versuchen für immer aufgeben. Doch Vorsicht: das geht nur bei tiefem Sandboden oder im Sägemehl der Halle! Und die Longe muß so vorsichtig gehalten werden, daß das aufspringende Fohlen sich nicht darin verfängt.

Bei älteren Pferden ist das natürlich nicht mehr so einfach und ungefährlich; hier müssen wir andere Lösungen finden. Sobald Sie merken, daß Ihr Pferd steigen will, treiben Sie es mit Stimme und Peitsche energisch an. Lassen Sie ihm einfach keine Zeit zu steigen, beschäftigen Sie es so, daß es erst gar nicht mehr daran denken kann. Mit Geduld und viel Gefühl für das Pferd werden Sie auch mit diesem Problem fertig.

Der erfahrene Longeur, vor allem der Kutschfahrer, arbeitet sein Pferd an der Doppellonge. Diese Longe hat die doppelte Länge der normalen und wird rechts und links in die Gebißringe eingeschnallt.

Zum korrekten Arbeiten mit der Doppellonge wird dem jungen Pferd das Fahrgeschirr angelegt, allerdings ohne Zugstränge und ohne die Fahrleinen. Letztere sind als Doppellonge nicht verwendbar, weil sie zu kurz sind und wegen der Dicke des Le-

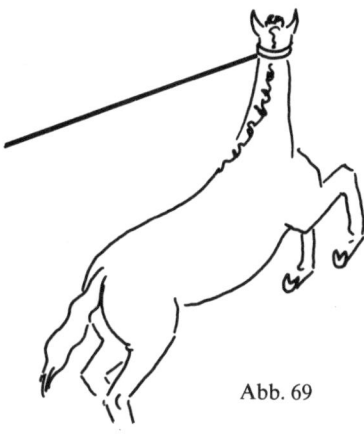

Abb. 69

ders nicht leicht genug durch die Leinenaugen (am Kummet bzw. Halsriemen) und Ösen (am Bauchgurt in Ellenbogenhöhe) gleiten.

Viele Pferdebesitzer legen dem Pferd statt des Fahrgeschirrs einen Longiergurt um, bei dem rechts und links etwa in Höhe des Pferdeellenbogens je ein Ring angebracht ist (vereinfachte Doppellonge). Nun verläuft die linke Leine vom linken Gebiß- ring durch den linken Ring am Bauchgurt zur linken Hand des Longeurs. Die rechte Leine reicht vom rechten Gebißring durch den rechten Ring am Bauchgurt um die Hinterhand des Pferdes zur rechten Hand, in der auch die Peitsche gehalten wird: So läuft das Jungpferd auf der linken Hand, also linksherum (Abb. 70).

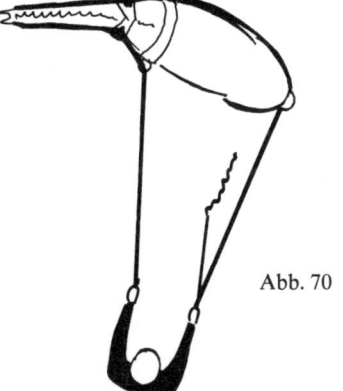

Abb. 70

Durch langsames Verlängern der linken Leine und gleichzeitiges Verkürzen der rechten wechselt das Pferd auf die rechte Hand, läuft also rechtsherum.

Mit der Doppellonge lernen Pferde, sich an das Berühren der Beine durch Leinen (= später Zugstränge) und an Stimm- und Peitschenhilfen zu gewöhnen, weshalb vor allem Fahrer ihre Pferde an der Doppellonge an die Arbeit vor der Kutsche vorbereiten.

Die Doppellonge hilft aber auch bei der Ausbildung zum Dressurpferd, weil nur mit zwei Longen die Einwirkung auf beide Pferdeseiten möglich ist. Paraden kommen besser durch, und das junge Pferd kann nicht einseitig den Kopf nach innen biegen, sonst aber gerade auf der Zirkellinie laufen (Abb. 71: linkes Pferd), sondern es muß den ganzen Körper biegen (Abb. 71: rechtes Pferd).

Der Gebrauch der Doppellonge ist anfangs nicht einfach. Pferd

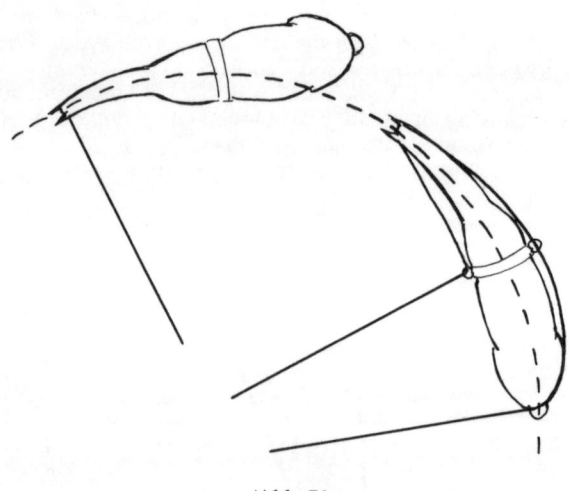

Abb. 71

und Longeur können sich blitzschnell in den Leinen verheddern und sich wechselseitig umreißen. So zweckmäßig die Arbeit mit der Doppellonge auch ist, sollten Sie sich deshalb nur dann daran wagen, wenn Sie und Ihr Pferd es unter Aufsicht lernten.

Fahren vom Boden aus

Das Fahren vom Boden aus soll dem Pferd helfen, sich ohne Reitergewicht und ohne Einwirkung von oben zurechtzufinden. Das Tier soll sich an einfache Anforderungen gewöhnen, wie Antreten, Anhalten, Wenden nach links und rechts, und sich die «Zeichen» dafür in aller Ruhe einprägen.
Beim Fohlen und beim Zweijährigen arbeiten Sie mit dem Stallhalfter. Beim älteren Lehrling schnallen Sie zusätzlich die Wassertrense ein, und zwar so, daß der Zug zuerst auf das Halfter, dann auf die Trense wirkt. Nun wird ein Longiergurt angelegt, an den Sie rechts oder links etwas oberhalb der Ellenbogen je einen Ring annähen.
Bevor die Fahrleinen korrekt eingeschnallt werden, machen Sie Ihr Pferd damit vertraut. Beginnen Sie das Fahren vom Boden aus *nie* ohne einen zuverlässigen Helfer. Zwar finden sich die meisten Pferde schnell mit den Leinen am Körper ab. Andere aber fühlen sich gefesselt und verheddern sich in Panik total in den Leinen. Deshalb soll Ihr Helfer das ängstliche Pferd beruhigen, während Sie zunächst nur eine Longe oder eine Hälfte der Leine am Stallhalfter einhaken. Nun streichen Sie unter beruhigenden Worten wie «So brav», «So gut» mit der Leine am Pferdekörper auf und ab, um die Pobacken herum, an den Hinterbeinen entlang. Springt das Pferd weg oder schlägt erschrocken aus, bringen Sie es an der Leine auf einen Zirkel. Beruhigt es sich, beginnen Sie wieder von vorne.
Dieses vorbereitende Berühren mit der Leine üben Sie auf beiden Seiten des Pferdes, bis es die Leinen an den Beinen als völlig ungefährlich akzeptiert.
Nun werden Fahrzügel (evtl. aus Rolladengurt selbstgefertigte, mit Panikhaken) durch die Ringe rechts und links am Pferdebauch zum Halfter geführt. Beim Stallhalfter haken Sie die Leinen in die beiden Ringe des Lederhalfters. Trägt das Pferd zusätzlich eine Trense, werden die Leinen in diese Ringe am Stallhalfter und die Gebißringe der Trense so eingeschnallt, daß

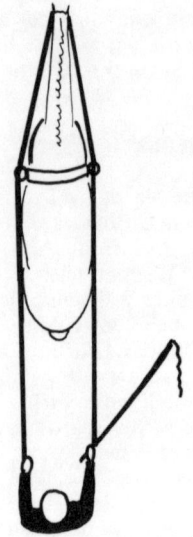

Abb. 72

der Zug zuerst auf das Halfter (als Druck auf die Nase), dann auf die Trense (als Zug am Gebiß) wirkt.

Sie sollen nun mit den Leinen und einer Peitsche mit kurzem Schlag in den Händen hinter dem Lehrling hergehen. Achten Sie auf genügend Abstand von den Hinterhufen, die aus Protest gegen die Peitsche heftig ausschlagen können (Abb. 72).

Die Leinen müssen leicht anstehen, dürfen also weder am Boden schleifen – weil bei plötzlicher Wendung Sie oder Ihr Pferd darüber stolpern können –, noch so stramm angezogen werden, daß der Vorwärtsdrang gehemmt wird.

Nun bitten Sie einen Helfer, das junge Pferd am Koppelzaun entlang zu führen – anfangs üben Sie natürlich nur in geschlossener Koppel oder eingezäunten Reitplatz.

Auch hier gebrauchen Sie wieder die bereits gewohnten Kommandos; nur Sie, der Leinenführer, geben die Befehle. Der Helfer geht stumm nebenher und sorgt lediglich dafür, daß die Kommandos sorgfältig ausgeführt werden. «Komm, Schritt»

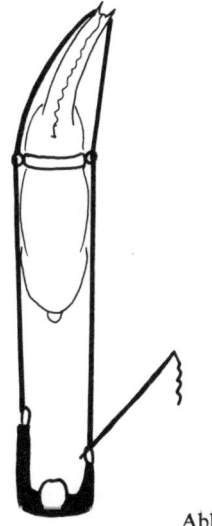

Abb. 73

läßt das junge Pferd antreten, unterstützt durch ein vorsichtiges Antippen mit der Peitsche. Sie folgen dem Pferd, dem Sie bei jedem Zögern beruhigend und aufmunternd zureden.

Eine Wendung führen Sie durch Nachgeben (= Verlängern) der äußeren und Annehmen (= Verkürzen) der inneren Leine durch (Abb. 73). Je mehr Sie die äußere verlängern beziehungsweise die innere verkürzen, um so enger wird die Wendung. Wollen Sie große Wendungen durchführen, genügt oft das Vorstrecken des äußeren und das Zurücknehmen des inneren Armes. Das klingt kompliziert, aber Sie werden nach wenigen Übungen den Dreh schnell herausfinden.

Auf «Hoooo», Pfiff oder «Haaalt» und ein kurzes Zupfen an beiden Leinen soll der Lehrling stehenbleiben. Ziehen Sie niemals an den Leinen, denn Ziehen erzeugt Gegenziehen, und jedes Pferd ist stärker als der Mensch – das soll es erst gar nicht merken.

Wiederholen Sie das Zupfen und Nachgeben immer wieder, bis Ihr Pferd stehenbleibt. Loben Sie es mit freundlichen Worten

103

und üben Sie das Antreten (Komm, Schritt), die Rechts- und Linkswendungen und das Stehenbleiben (Haaalt) an anderen Tagen immer wieder, bis Ihr junges Pferd die entsprechenden Zeichen verstanden hat. Erst jetzt, wenn alle Kommandos auch ohne Helfer befolgt werden, können Sie die Bahn, den eingezäunten Platz verlassen und Ihr Pferd im Gelände mit allem vertraut machen, dem es später als Reitpferd begegnet. Bald hat es begriffen, daß ihm «draußen» nichts passiert; es weiß, daß es von Ihnen sicher geführt wird und die Leinen an den Beinen, die zu Anfang so furchterregend hin und her schlugen, nicht weh tun.

Ein gewaltiger Schritt vorwärts auf dem Weg zum zuverlässigen Reit- und Fahrpferd, zum fleißigen, mutigen Vorwärtsgänger auch ohne die Nähe der Stallgefährten ist getan.

Freilaufen in der Bahn

In jedem Jahr werden bei uns zwei Fohlen geboren. Wir haben also immer einige Jungpferde, die im Sommer auf der Weide Bewegung nach Herzenslust genießen. Im Winter erlaubt das Wetter nur selten die Benutzung der großen Koppeln zum Austoben. Nun bleibt mir keine Zeit, jedes Jungpferd einzeln zu bewegen, etwa an der Longe oder als Handpferd. Da weiß ich Besseres, Bequemeres: das Freilaufen in der Bahn.

Maxi als Herdenboß ist gleichzeitig Lehrmeister, weil er ohne irgendwelche Halfter, Riemen oder Seile gehorcht. Er läuft in die 1,50 m hoch eingezäunte Reitbahn, das Jungvolk hinterher. Zunächst toben die Fohlen, raufen, buckeln, schlagen aus und jagen hintereinander her. Maxi hält bei diesen Jugendspielen gerne mit. Nachdem der erste Übermut ausgetobt ist, beginnt die Arbeit: Nun laufen die Fohlen – der Lehrmeister vorneauf – auf Kommando alle Gangarten auf der rechten und linken Hand. Schließlich baue ich noch Hindernisse auf, über die dann alle springen.

So lernen Jungpferde die Kommandos kennen und frei von jedem Leder in der Bahn laufen. So können auch Sie Ihre jungen Pferde trainieren.

Wenn Sie keinen Reitplatz zur Verfügung haben, trennen Sie von der Weide ein halbwegs ebenes Stück von 15×30 oder 20×40 m ab und zäunen dieses am besten mit Stangen hoch

ein (etwas über Stockmaßhöhe der Pferde). Diesen Platz können Sie immer wieder benutzen.
Haben Sie ein Lehrpferd, schicken Sie das Fohlen mit diesem
zusammen in die Bahn und sorgen mit der Peitsche dafür, daß

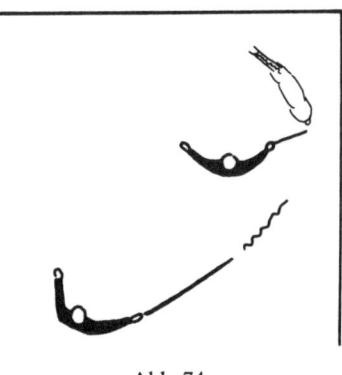

Abb. 74

es immer hinter dem Lehrmeister herläuft. Im Laufe der Zeit
prägen sich die Kommandos für die Arbeit in der Bahn ein, und
das Jungpferd hört auch ohne den Lehrmeister auf sie.
Viel schwieriger ist der Anfang ohne Lehrpferd. Bitten Sie zwei
Freunde um Mithilfe. Sie stellen sich in die Mitte des einen Zirkels, ein Helfer in die Mitte des anderen, jeder hält in der rechten Hand eine Peitsche. Der zweite Helfer geht mit einer weiteren Peitsche schräg hinter dem Fohlen her, dieses mit der
Stimme und notfalls mit Antippen der Peitsche antreibend. Er
soll reichlich Abstand halten, weil vor allem junge Pferde heftig nach der Peitsche ausschlagen (Abb. 74).
Sie und Ihr Helfer müssen durch Anheben der Peitsche verhindern, daß das Fohlen in die Mitte läuft. Es soll ja lernen, in
jedem Fall auf dem Hufschlag zu bleiben, und zwar solange
auf einer Hand, bis (später) das Kommando «Kehrt» den
Handwechsel verlangt. Lassen Sie das Fohlen zunächst Gangart
und Tempo selbst bestimmen. Anfangs ist nur wichtig, daß es
überhaupt in Bewegung und vor allem auf dem Hufschlag
bleibt, auch wenn der Helfer, der bisher mitlief, wegbleibt. Das

105

haben pfiffige Fohlen oft schon nach zehn Minuten begriffen. Jetzt lernt es, auf «Kehrt» umzukehren. Warten Sie zu diesem Kommando den Moment ab, wo das Fohlen langsam und ruhig trabt. Nun laufen Sie mit der ausgestreckten Peitsche in großem

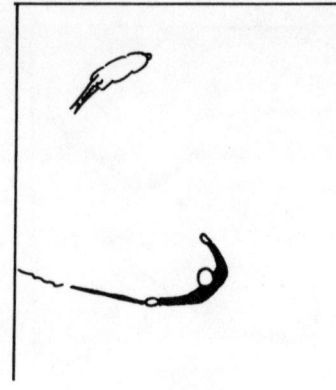

Abb. 75

Abstand *vor* dem Fohlen auf den Hufschlag zu, knallen kurz mit der Peitsche (um es aufmerksam zu machen) und sagen laut «Kehrt» (Abb. 75). Erschrocken, weil Sie ihm den Weg versperren, wird das junge Pferd herumspringen und in die entgegengesetzte Richtung laufen.

Loben Sie es mit «Soo brav» und gehen Sie wieder an Ihren Platz in der Mitte eines Zirkels zurück. Lassen Sie das junge Pferd einige Runden auf der anderen Hand laufen, bis es ruhig und gelassen auf dem Hufschlag trabt. Erst dann soll es wieder mit den gleichen Gesten und Kommandos «kehrt» machen. Loben, loben, loben!

Später brauchen Sie nur noch «Kehrt» zu sagen und leicht die Hand zu heben, dann wechselt Ihr junges Pferd die Hand. Das «Kehrt» ist überall in der Bahn möglich – außer beim Ausgang, an dem weder «Halt» noch «Kehrt» verlangt werden soll, weil die Pferde dort sowieso gerne abstoppen oder stehenbleiben wollen.

Das alles kann ein Fohlen innerhalb von 15–20 Minuten verstanden haben. Hören Sie für heute auf. Reichen Sie Leckerbissen, denn das Fohlen soll das freie Laufen nie als Jagen verstehen, sondern als fröhliche Arbeit, die mit Leckerei belohnt wird.

Nach weiteren Übungstagen kann der Lehrling auf das Kommando «Galopp» und dem Antippen der Hinterbeine mit der Peitsche in der Bahn galoppieren. Auf ein langgestrecktes «Hoooo» oder «Laaangsaaam» fällt er wieder in Trab. Hat er sich ausgetobt, wird er auch zum Schritt («Scheeritt») kommen.

Verlangen Sie zunächst keinen fleißigen Schritt – das kommt erst Wochen später –, sonst wird Ihr junges Pferd ständig antraben.

Haben Sie viel Geduld mit dem Lehrling. Bei jeder Schärfe in der Stimme, bei jedem versehentlichen Gestikulieren mit der Peitsche wird er antraben. Es gehört schon viel Geschick dazu, ein Pferd ohne jedes Leder zu fleißigem Schritt anzutreiben.

Jede Übungsstunde soll mit Schritt aufhören, damit das Pferd ruhig und nicht geschwitzt zu Stall oder Weide kommt.

Mit «Haaalt» oder «Steh» soll es dann zum Stehen kommen – das ist das schwierigste Kommando überhaupt. Aber die Übungsstunde muß nicht unbedingt mit «Halt» beziehungsweise «Steh» aufhören, wenn dies zu viel Schwierigkeiten bedeutet. Wir lassen ja meist 5–6 Pferde gleichzeitig in der Bahn laufen, wobei das Anhalten auf Kommando sowieso nicht möglich ist. Deshalb zeigen wir das Ende der Übungsstunde an, indem wir demonstrativ «Fertig, komm, Zuckerchen» sagen und die Peitsche auf den Boden legen. Sofort wenden alle Pferde ab und kommen in die Mitte, um sich ihre Belohnung abzuholen. Die gibt es jedesmal! Beim Freilaufen dürfen die Pferde nach innen kommen (was beim Longieren ja nicht sein soll), weil man sie anschließend halftern und aus der Bahn führen muß. Es ist überhaupt wünschenswert, wenn auf ein Stichwort hin (z. B. «Komm, Zuckerchen») alle Pferde zum Pfleger kommen, um sich die Belohnung zu *holen*. Denn immer wieder gibt es Situationen, bei denen man dankbar ist, wenn sich die Pferde *herbeilocken* lassen (Weideausbruch oder nach Abwurf des Reiters).

Ihr junges Pferd wird all diese Kommandos, diese Arbeit in der Bahn ohne Riemen und Zügel sehr schnell verstehen und wird mit Begeisterung mitmachen.

Es lernt das schwungvolle Laufen, das Biegen nach rechts und links und Gehorsam. Das Anreiten ist später eine Kleinigkeit. Dem geübten Jungpferd bauen Sie am Hufschlag ein niedriges Hindernis auf, das sehr stabil aussieht, eine Stange als Absprunghilfe und einen breiten Fang hat (Abb. 76); noch besser, wenn man es hinter der Mutter her springen lassen kann (Abb. 76a). So lernt Ihr Pferd, selbst ein Hindernis zu taxieren, den Absprung zu finden und ebenso geschickt zu landen – ohne ein störendes Reitergewicht. Sicher springt es später unter dem Reiter geschickter und auch lieber als ein Pferd, das zu seinen eigenen Gleichgewichtsschwierigkeiten auch noch das Gewicht des (ungeschickten?) Reiters ausbalancieren muß.

Abb. 76

Abb. 76a

V. Das sollte Ihr dreijähriges Pferd jetzt lernen

Ein Pferd erreicht mit drei Jahren – der Isländer erst mit fünf Jahren – ungefähr seine Endgröße, ist aber immer noch nicht ausgewachsen. Das ist es erst mit sechs Jahren. Mit Rücksicht auf seine Jugend darf das Dreijährige keinesfalls in Eile eingeritten (eingebrochen!) und dann täglich gearbeitet werden!!!
Wohl aber soll es nun – falls das in den Jahren des Heranwachsens nicht schon in der geschilderten Weise geschehen ist – mit Straßenverkehr und Pferdehänger vertraut gemacht werden und eine Reithalle kennenlernen. Und es soll Geschirr und Reitergewicht akzeptieren lernen.

Straßensicherheit

Der Verkehr, die Unruhe, der Lärm holen uns überall ein; selbst in den entlegensten Gegenden sind knatternde Fahrzeuge anzutreffen. Nicht zuletzt Traktoren und andere landwirtschaftliche Maschinen können wie andere Fahrzeuge zum Problem für Reiter und Fahrer werden.
Hier helfen weder Schläge noch andere Strafen; denn Angst kann man nie und nimmer und bei keinem Lebewesen durch Strafe vertreiben. Hier helfen nur Geduld, gute Worte, Belohnung und . . . ständige Gewöhnung.
Das Trainieren auf Verkehrssicherheit wird mit dem jungen Pferd als Handpferd sorgfältig vorbereitet. Sie erinnern sich dabei bitte des im Kapitel «Mitlaufen als Handpferd» Gesagten.
Ein Neuling wird stets auf der dem Verkehr abgewendeten Straßenseite, also rechts, als Handpferd mitgenommen. Bei jedem Erschrecken wird er sich an das Reitpferd drängen. Sie können ihn dann streicheln, klopfen oder ihm vom Reitpferd aus eine Leckerei reichen. Sprechen Sie beruhigend mit ihm und lassen Sie ihn am Gegenstand, vor dem er scheute, riechen. Bald weiß der Lehrling, daß ihm nichts Schlimmes passiert, wenn Sie dabei sind. Sie brauchen ihm nun bei ähnlichen Situa-

tionen nur gut zuzureden, ihn zu klopfen, dann wird er zwar ängstlich, aber doch gehorsam weitergehen.

Es wird Wochen dauern, bis Ihr neues Pferd Ihnen restlos vertraut. Haben Sie deshalb Geduld, auch wenn Ihr junges Pferd vor dem gleichen Gegenstand an mehreren Tagen hintereinander scheut. Lassen Sie es immer wieder daran riechen. Wenn es aus Angst nicht darauf zugehen will, legen Sie ihm eine Leckerei – am besten eine duftende – darauf und ... *warten* Sie, bis es endlich darauf zugeht. Das kann eine Viertelstunde dauern, aber die Zeit opfern Sie sicher gerne. Loben Sie es, denn schließlich hat es seine große Angst überwunden.

Wenn Sie mit Ihrem Jungpferd spazierengehen, also kein weiteres Pferd dabei haben, müssen Sie noch mehr Geduld aufbringen; anfangs scheut es vor allem, was es noch nicht kennt. Alle Zeit und Mühe lohnt auf jeden Fall: Sie haben ja ein junges Pferd gekauft, um es selbst erziehen zu können – und eine gute Erziehung in der Jugend verspricht Freude am Pferd ein Leben lang. Das Grundtraining kennen Sie bereits aus dem Kapitel «Spazierengehen». Nun aber kommt es darauf an, Ihr junges Pferd auf unvorhergesehene Situationen im Gelände vorzubereiten. Das geschieht im Heimtraining durch *Auslappen*. Dazu binden Sie Ihr Pferd mit einem stabilen Halfter bombensicher an. Zum unzerreißbaren Halfter gehört ein ebenso stabiler Anbinderiemen mit Panikhaken: Alles muß auch bei heftigem Erschrecken des Jungpferdes halten. Nehmen Sie niemals eine Kette dazu, denn wenn das Pferd sich mit dem Huf darin verfängt, kann es bereits zu tiefen Reißwunden kommen, noch bevor Sie den Panikhaken öffnen können.

Nun wedeln Sie mit einem weichen Tuch, Sack oder ähnlichem solange um das Pferd und berühren es überall, bis es gegen Flatterndes «immun» ist. Geben Sie nicht gleich auf, wenn es aus Angst hochspringt, steigt oder wild am Anbindeseil zieht – das ist eine völlig normale Reaktion, selbst bei sonst ruhigen Pferden. Wichtig ist vor allem, daß es *so lange* mit dem Tuch am Körper berührt wird, bis es merkt, daß ihm ja nichts wehtut und daß Flatterndes eigentlich gar nicht schlimm ist, keine Gefahr bedeutet.

Loben Sie Ihr Pferd; nehmen Sie sich Zeit, geben Sie ihm zwischendurch Leckereien. Und meiden Sie die Nähe der vielleicht ausschlagenden Hinterbeine.

Wiederholen Sie dieses Training an den nächsten Tagen. Hören

Sie mit der Übungsstunde immer nur auf, wenn Ihr junges Pferd wirklich ruhig das flatternde Tuch am Körper erduldet.

Haben Sie pferdebegeisterte Freunde, die ohne Angst gut zupacken, können diese als Helfer mehrere Tücher gleichzeitig schwenken und mit Zeitungen und Plastiktüten überall am Pferd entlangstreichen (Abb. 77).

Abb. 77

Sprechen Sie dabei beruhigend mit ihm, machen Sie ihm durch Gesten, Stimme und eigene Ruhe klar, daß ihm nichts Schlimmes geschieht. Und lassen Sie sich durch nichts von der begonnenen Lektion ablenken: wenn auch nur eine Übungsstunde – weil Sie etwa ans Telefon müssen, abgebrochen wird, sind die nächsten Übungsstunden um so schwerer. Man muß immer mit einem Erfolgserlebnis aufhören, und zwar zur Beruhigung für das Pferd und zur Bestätigung für sich selbst.

In weiteren Übungsstunden können Lappen überall am Pferd festgebunden werden, das man so am Halfter über die Weide führt. Auch hier begreift es rasch, daß die Lappen zwar nachschleifen und an die Beine schlagen, niemals aber wehtun oder sonst Gefahr bedeuten, und folgt völlig entspannt und vertrauensvoll seinem Führer (Abb. 78).

Ziehen Sie in unmittelbarer Nähe Ihres jungen Pferdes einen knisternden Anorak an und wieder aus, setzen Sie sich einen

Abb. 78

breitkrempigen Hut mit flatternden Bändern auf, wickeln Sie
sich einen langen Schal gemütlich um den Hals und spannen
Sie einen Regenschirm auf. Immer wird Ihr junges Pferd
zunächst erschreckt wegspringen wollen – ein Helfer hält es
aber fest –; unter gutem Zureden versteht es bald, daß ihm bei
alldem nichts geschieht. All diese Dinge sind unendlich wichtig:
Sie müssen später zum Beispiel bei überraschendem Regen-
schauer den Regenmantel aus der Gepäcktasche holen (es kni-
stert und raschelt) und ihn anziehen (bedrohliche Schatten über
dem Pferderücken). Leute auf der Straße spannen ihren Regenschirm auf. In ländlicher Gegend werden die Bettlaken morgens tüchtig im Fenster geschwenkt. Wäsche auf der Leine
flattert, und irgendwo wird eine Plastikplane oder -tüte aufge-
wirbelt. Kurz: alles alltägliche Situationen, die für Roß und
Reiter Gefahr bedeuten, wenn das Pferd in Panik gerät.
Auf Feldwegen oder ruhigen Seitenstraßen muß ganz besonders
die Begegnung mit Fahrzeugen, mit Fahrrad, Moped und Auto,

geübt werden, ebenso das Vorbeigehen an Straßenschildern oder Gullis, unter denen das Wasser rauscht. Ihr Pferd soll ruhig bleiben, gleich ob die Fahrzeuge ihm entgegen oder von hinten auf es zukommen. Üben Sie das auf Wegen ohne Verkehr mit Freunden, die hupend oder klingelnd an Ihnen und Ihrem Pferd vorbeifahren. Achten Sie bei all diesen Übungen auf genügend Abstand, damit Ihr vielleicht unverhofft ausschlagendes Jungpferd weder Menschen noch Maschinen erwischt (Abb. 79).

Sind Sie so vorbereitet, kann Ihnen später kein Verkehr mehr etwas anhaben. Sie und Ihr Pferd gehen mit Freude zusammen ins Gelände.

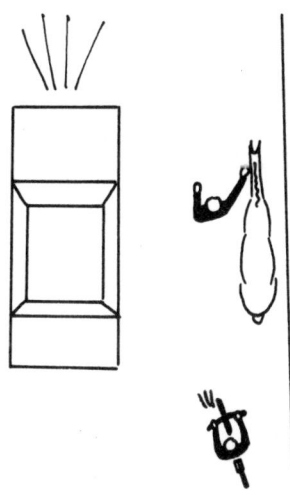

Abb. 79

Vertrautheit mit dem Pferdehänger

Viele Pferde lernen schon als Fohlen den Pferdehänger kennen; sie fahren mit der Mama zum Hengst oder zur Fohlenschau, werden als Jährling zur Sömmerung oder nach dem Verkauf dem neuen Besitzer im Hänger gebracht. So wird das Hängerfahren für sie zur Selbstverständlichkeit, und es ergeben sich für Sie als neuen Besitzer keine Probleme.

Nun gibt es natürlich junge Pferde, die vor dem Transporter Angst haben. Vielleicht lernten sie nie einen Hänger kennen oder sind irgendwann einmal beim Verladen oder während des Transportes verletzt oder unsachgemäß behandelt worden und verbinden den Pferdehänger nun mit Angst, Schmerz und Strafe. Solche Pferde müssen mit großer Geduld wieder mit dem Hänger vertrautgemacht werden.

Manche Pferdebesitzer bringen den geöffneten Pferdehänger auf die Koppel, stellen eine wohlgefüllte Haferschüssel hinein und lassen Pferd und Hänger auf der Koppel allein. Der Hafer riecht verlockend, und im Laufe der nächsten Stunden, oder bei übervorsichtigen Pferden auch erst nach Tagen, ist die Scheu überwunden: Das junge Pferd geht zunächst vorsichtig in den Hänger, schnappt sich ein Maulvoll Hafer, stürmt hinaus, kommt wieder – und hat bald die Angst verloren.

Dennoch sollte dies *nie* ohne Aufsicht geschehen; ist der Hänger eng, kann sich das junge Pferd beim Versuch, sich zu drehen, verletzen. Damit war das ganze Unternehmen vergebens – das Jungpferd hat danach noch mehr Angst vor dem Hänger.

Andere Pferde wiederum haben Angst, rückwärts hinaus und dabei noch abwärts gehen zu müssen. Bei engem Hänger können sie sich ja nicht drehen. Sie treten dann vielleicht neben die Bracke und verletzen sich an den empfindlichen Beinen: Wieder ist alles vergebens gewesen, und die Angst vor dem «gefährlichen Ding» ist noch größer als vorher.

Nicht minder gefährlich sind die überstehenden Teile am Hänger, die Kupplung mit dem Stützrad und der Handbremse, die seitlich überstehenden Blinklichter und Katzenaugen und die Räderschutzbleche. Überall besteht die Gefahr der Verletzung für das junge Pferd. Auch deshalb sollte ein Gewöhnen an den Hänger *nur* unter Aufsicht mit dem jungen Pferd am Führseil geübt werden. Machen Sie das an einem freien Tag, an dem Sie

viel Zeit haben, auf einer Wiese ohne Zuschauer, mit viel Leckereien in der Tasche und einer Schüssel voll Hafer.
Locken Sie das junge Pferd Schritt für Schritt in den Hänger, Sie reden ihm dabei gut zu, klopfen es am Hals und füttern es (Abb. 80). Dann soll es fressend (evtl. Heunetz) einige Minuten im Hänger stehenbleiben und wieder hinausdürfen, sobald es will. Verladen Sie es gleich noch mehrere Male, immer mit Freßpausen. Bald verbindet es das In-den-Hänger-Gehen mit guten Worten und Leckerei.

Abb. 80

Danach lernt es, auch dann ruhig stehenzubleiben, wenn die Verladeklappe geschlossen wird und ein Auto den Hänger, den «rollenden Stall», zieht.
Wenn Sie dies einige Male vor der ersten großen Hängerfahrt üben und später auch immer beim Einsteigen eine Leckerei reichen, können Sie in Zukunft problemlos überall hin mit Ihrem Pferd.
Sagen Sie nicht, Sie würden Ihr Pferd nie transportieren, weil Sie weder Auto noch Hänger besitzen und außerdem an keinen Turnieren teilnehmen wollen. Sie wissen nie, was Sie später einmal vorhaben. Ihr Pferd kann überraschend talentiert sein, und Sie wollen dann doch einmal irgendwo an einer Veranstaltung Lorbeeren ernten; Ihre Kinder möchten mit dem Pferd in Urlaub; oder es muß leider zur Tierklinik: in jedem Fall aber muß es gefahren werden. Welch ein Glück, wenn es das zu Hause in Ruhe lernte. (Viele Tricks beim Verladen und Tips zum Fahren finden Sie in dem Buch «Pferde sicher transportieren» – siehe Anhang.)

Erster Gang zur Reithalle

Alle Pferde müssen im Laufe des Lebens lernen, sich in einer Reithalle einigermaßen vernünftig zu verhalten. Alle, auch die vielen Pferde der Freizeitreiter, der «Nur-Draußen-Reiter». Und wenn etwa ein Gewitter die Teilnehmer eines Urlaubsrittes zum Unterstellen zwingt: wie dankbar ist man in solchen Situationen, wenn man in eine Reithalle «darf», das Pferd brav dorthin folgt und auch dann keine Kapriolen macht, wenn der Regen aufs Dach trommelt.

Am schnellsten lernen es natürlich die Fohlen, die mit der Mama bei Gelegenheit die Halle mit den fremden Gerüchen kennenlernen. Ein junges Pferd kann als Handpferd neben einem «alten Hasen» seine Angst vor dem Eingesperrtsein verlieren, oder es wird an der Hand in die Halle geführt, wenn nur ein oder zwei Schulpferde in der Bahn sind. Fragen Sie den Reitlehrer, wann Sie kommen dürfen; denn Sie sollten mit einem unruhigen, scheuen Pferd keine Abteilung durcheinander bringen.

Führen Sie Ihr Jungpferd unter gutem Zureden in die trotz Licht immer düstere Halle, reichen Sie wenn nötig Leckereien. Ein oder zwei andere Pferde gehen vorneauf, die ihm helfen sollen, die Angst vor den intensiven fremden Gerüchen einer geschlossenen Halle zu überwinden.

Lassen Sie Ihr Pferd überall riechen. Wenn keine weiteren Pferde in der Halle sind, darf es frei laufen und sich wälzen.

Nun ist die Angst vor dieser und sicher auch vor anderen Hallen, die es später einmal betreten soll, endgültig vorbei.

Gewöhnen an das Fahrgeschirr

Die meisten Pferdebesitzer machen sich überhaupt keine Gedanken darum, was das Anlegen eines Fahrgeschirrs für ein unerfahrenes Tier bedeutet. Sie legen ihrem jungen Pferd einfach irgendein Geschirr auf, spannen anschließend gleich an und fahren los.

Aus Angst vor dem Wagen, der es verfolgt, und vor dem knarrenden Lederzeug, mit dem es in eine enge Schere gezwängt ist, geht es in Panik durch. Es rennt los und läßt sich weder beruhigen noch lenken oder gar anhalten. Wenn der

Fahrer Glück hat, bleibt das Gefährt am nächsten Baum hängen; das Geschirr zerreißt, und das junge, zu Tode erschrokkene Pferd rennt völlig kopflos weiter, bis es von einem beherzten Menschen eingefangen wird. Was aber passiert, wenn das durchgehende junge Pferd auf die Straße rennt? Es kann ein Chaos anrichten. Denn es selbst rennt unkontrolliert, die Kutsche schleudert herum, und es kann zu hohen Personen- und Sachschäden kommen: Mopedfahrer stürzen, Autos werden von der schlingernden Kutsche eingebeult, Passanten umgerissen . . .

Schließlich versuchen die Insassen der Kutsche abzuspringen. Ich kenne Leute, die dabei Arm und Bein brachen. Oder die Kutsche fällt schließlich um und begräbt die Mitfahrer unter sich. Und das Pferd selbst kann sich beim Durchgehen schwer verletzen, wenn es über die Deichsel gerät oder mit der Kutsche hinter sich über Gräben und Zäune springen will.

Etwas Schlimmes für Ihren Geldbeutel kann noch dazukommen: Ihre Haftpflichtversicherung wird Ihnen grobe Fahrlässigkeit vorwerfen und unter Umständen keinen Versicherungsschutz gewähren!

Außerdem können Sie das einmal so geschockte junge Pferd vermutlich niemals mehr anspannen.

So soll es bei Ihnen ganz gewiß nicht sein! Sie haben mit viel Geduld und Freude Ihr junges Pferd aufgezogen und wollen nun das über Jahre aufgebaute Vertrauen gewiß nicht durch falsches Verhalten zunichte machen.

Nicht jedes Pferd eignet sich zum Anspannen – nervöse, schreckhafte Pferde sind im Gespann eine Belastung. Deshalb sollten Sie zunächst einmal herausfinden, ob Ihr junges Pferd die nötigen guten Nerven, den erwünschten Gleichmut hat, bevor Sie teures Geschirr und die noch teurere Kutsche kaufen.

Schauen Sie sich bei Reit- und Fahr-Turnieren die Gespanne und Fahrer genau an. Auch wenn Sie später «nur» Freizeitfahrer sein wollen, können Sie ohne passendes Geschirr *nicht* anspannen. Sprechen Sie nach dem Turnier – vorher haben die Teilnehmer meist keine Zeit – mit einem der Fahrer. Vielleicht weiß er jemanden, der Sie und Ihr Pferd im Fahren unterrichtet, oder er kann Ihnen eine Fahrschule nennen, wo Sie mit Ihrem Pferd einen Kursus absolvieren können. Oder er selbst hilft Ihnen (gegen Bezahlung natürlich).

Im Idealfall hat Ihr Nachbar ein Gespann: Er leiht Ihnen dann

sein Geschirr und wird Ihnen beim Einschirren und Vorbereiten helfen. (Als Gegenleistung bieten Sie Mithilfe bei der Heuernte an oder eine Haferspende.)
Zunächst soll Ihr 2¹/₂- bis 3jähriges Pferd sich in Ruhe mit dem Geschirr vertraut machen.
Statt des bereits vertrauten Reithalfters soll es nun ein Kopfgestell mit Scheuklappen und Doppelringtrense (Abb. 81) oder Fahrkandare tragen. Es reagiert anfangs ängstlich, weil durch die Scheuklappen sein Gesichtsfeld stark eingeschränkt ist. Führen Sie es mit freundlichen Worten – Fahrpferde werden am Backenstück angefaßt – ein wenig hin und her, beruhigen Sie es mit Leckereien. Nach 10–15 Minuten hat es verstanden, daß ihm gar nichts Schlimmes passiert.

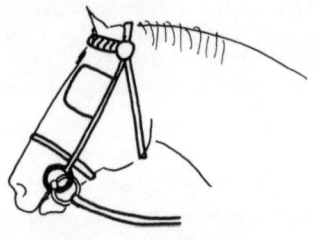

Abb. 81

Je jünger ein Pferd ist und je länger Sie es besitzen, um so schneller findet es sich mit solchen neuen, für es bedrohlich erscheinenden Situationen ab. Je älter und je mißtrauischer Ihr Pferd ist und je höher es im Blut steht, um so schwieriger kann das erste Einschirren und Anspannen werden.
Nun legen Sie ihm das Selett um; der Bauchgurt wird zunächst locker, nach 3–5 Minuten Gewöhnung enger geschnallt. Aber das kennt Ihr Pferd bereits vom Longiergurt beziehungsweise Fahren vom Boden aus.
Kritischer ist die erste Bekanntschaft mit dem Schweifriemen, der vom Selett um die Schweifwurzel geführt ist und zum Fahrgeschirr gehört (Abb. 82); viele Pferde machen zunächst einen Katzenbuckel, finden sich dann aber schnell mit dem anfangs störenden Riemen ab. Andere versuchen durch Aus-

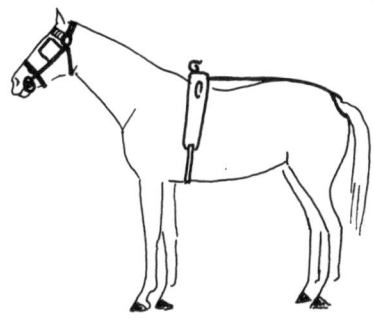

Abb. 82

schlagen das lästige Ding loszuwerden – hier heißt es doppelt vorsichtig sein, damit man keinen Huftritt einfängt. Oder das verängstigte Pferd versucht, durch Hinwerfen und Wälzen das seltsame Ding um den Schweif abzuschütteln. Beruhigen Sie den Erschrockenen, reden ihm gut zu und reichen eine Leckerei, um ihn abzulenken. Schlagen oder Schreien sind tabu! Führen Sie das verängstigte Pferd ein wenig auf und ab, das lenkt ab. Denn die heftige Abwehr geschieht ja nicht aus Bosheit, sondern aus Angst. Und Angst läßt sich weder beim Menschen noch beim Tier durch Strafe «verbieten», sondern nur durch Vertrauen, Geduld und gutes Zureden abbauen.

Wenn der Schweifriemen akzeptiert wird – das kann Tage dauern –, kann das Brustblatt samt den Zugsträngen angelegt werden und, falls vorhanden, noch ein Hintergeschirr. Die Zugstränge, die an die Beine schlagen, ängstigen das Pferd dann nicht, wenn es schon an der Doppellonge ging oder vom Boden aus gefahren wurde (s. Kapitel «An der Longe» und «Fahren vom Boden aus»).

Das Brustblatt wird fast immer als ungefährlich akzeptiert. Lediglich das Hintergeschirr kann ähnliche Reaktionen auslösen wie der Schweifriemen; aber auch diese Ängste vergehen, wenn Sie Geduld haben und gelegentlich Leckereien reichen.

Führen Sie nun Ihr junges Pferd und lassen einen Helfer die Zugstränge halten. Ist Ihr Pferd sehr unruhig, sollten die Zugstränge mit Seilen um 1 m verlängert werden, damit der Helfer beim möglichen Ausschlagen nicht getroffen wird. Er soll

Abb. 83

zunächst einfach hinterhergehen, bei leicht anstehenden Zugsträngen. Später kann er sich mitziehen lassen und sein ganzes
Gewicht in die Zugstränge legen: So lernt Ihr Pferd, Gewichte
zu *ziehen*. Die Abbildung 83 zeigt Ihnen dieses Einüben (wobei
mein Mann unsere Nina allerdings am Reithalfter führt, sie
also weder Kopfgestell noch Schweifriemen trägt, wie es bei
Abb. 81 und 82 hiervor erklärt und im allgemeinen empfeh-
lenswert ist).
Als nächste Stufe kann dann anderntags die Einspännerleine
statt der Zugstränge eingeschnallt und das Pferd von hinten
gelenkt werden. So bereiten Sie sich und Ihr Pferd zum Fahren
vor – ohne Gefahr für Mensch und Tier.
Haben Sie und Ihr Pferd all diese Übungen absolviert, dann ist
der Test bestanden, die Eignung bewiesen: Sie haben gelernt,
das Fahrgeschirr passend zu verschnallen und Ihr Pferd von
hinten zu lenken (s. Kapitel «Fahren vom Boden aus»). Und
Ihr Pferd hat begriffen, daß Kopfgestell und Scheuklappen wie
auch das übrige Fahrgeschirr mit dem Schweifriemen ungefähr-

lich sind und nirgends wehtun. Willig läßt es sich von hinten lenken (Abb. 84).

Nun können Sie Fahrgeschirr kaufen. Es kann durchaus gebrauchtes sein, aber es muß gut erhalten, stabil sein; sonst kaufen Sie den ersten Unfall gleich mit. Die Kutsche muß zur Pferdegröße passen, soll weiteres Unglück verhütet werden (eine kleine Kutsche hinter einem großen Pferd z. B. fällt leicht um).

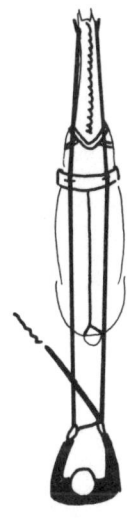

Abb. 84

Spannen Sie zum erstenmal *nie* alleine an und möglichst nur auf geschlossenem Platz oder eingezäunter Koppel. Wenn Sie ein Lehrpferd finden, erleichtern Sie sich und dem jungen Pferd das erste Einspannen und Fahren.

Vergessen Sie nie, daß ein durchgehendes Reitpferd schon gefährlich sein kann – ein durchgehendes Gespann aber ein Unglück ist!

Bleiben Sie vorsichtig, meiden Sie, wenn immer möglich, zumindest in den nächsten Wochen den Verkehr oder Situationen, bei denen Ihr Pferd scheuen kann. Kontrollieren Sie stets vor der Abfahrt die Anspannung. Haben Sie dann noch einen erfahrenen Helfer neben dem Kutschbock, dann können Sie sich auf die Ausfahrten mit Ihrem jungen Gespann freuen.

Gewöhnen an den Sattel

Genauso sorgfältig soll Ihr junges Pferd auf das Satteln vorbereitet werden.
Zunächst hat ein Jungpferd Angst vor dem seltsamen Ding, das da über den Rücken gelegt werden soll. Gehen Sie darum behutsam vor, nehmen Sie sich Zeit dazu. Schon ein Fohlen bereitet man auf seine spätere Aufgabe als Reit- oder Fahrpferd vor.
Beim Putzen, das einem Fohlen sehr gefällt, lehnen Sie sich, immer eifrig weiterbürstend, über den Fohlenrücken. Beim Satteln der Mama stehen die Kleinen neugierig dabei und schnuppern am Sattel, der so vertraut riecht. Und schon halten Sie den Sattel bei hochgeschlagenen Bügeln und Bauchgurt mal eben über den Fohlenrücken (Abb. 85). Weicht der kleine Kerl dabei

Abb. 85

122

ängstlich aus, halten Sie ihm den Sattel vor das Mäulchen und legen eine Leckerei obenauf, die es sich von dort holen muß.

Nach dem Ausritt mit dem Kleinen an der Hand ist es meist müde; also wird der Sattel noch einmal über das Fohlen gehalten und dann vorsichtig auf den Rücken gelegt. Dabei halten Sie eisern den Sattel an Vorder- und Hinterzwiesel fest, denn er soll dem plötzlich weglaufenden Fohlen nicht auf die Kruppe oder an die Beine schlagen: Das würde es jahrelang nicht mehr vergessen.

Bei größeren Fohlen oder Jungpferden können Sie den Sattel allerdings nicht mehr frei über dem Rücken halten; hier muß er gleich korrekt aufgelegt werden. Binden Sie das junge Pferd zuerst sicher an. Zur Beruhigung kann ein älteres Lehrpferd danebenstehen; alle anderen Pferde sollen eingesperrt sein. Ein Helfer kann mit einer Leckerei das Jungpferd ablenken. Putzen Sie Sattellage und Bauch, wo Sattel und Gurt sitzen sollen, damit nichts reibt und scheuert. Dann zeigen Sie dem Pferd den Sattel, möglichst einen, der schon nach Pferd riecht und so als ungefährlich erkannt wird. Ganz ängstlichen Gemütern können Sie, wie dem Fohlen, ebenfalls eine Leckerei auf dem Sattel anbieten.

Dann legen Sie den Sattel über den linken Unterarm, die Kammer zeigt zum Ellenbogen. Mit der freien rechten Hand können Sie nun die Satteldecke glatt auf den Pferderücken legen.

Achten Sie darauf, daß die Steigbügel rutschfest hochgeschlagen sind; sie könnten Ihnen und auch dem Pferd an den Körper schlagen. Der Bauchgurt soll über dem Sattel liegen, also nicht am freien Ende lang herumbaumeln und so an die Pferdebeine schlagen. Ein eventuell vorhandener Schweifriemen wird über den Sattelsitz nach vorne gelegt, die Schweifmetze ist in den Bügel geschnallt, um nicht störend am Pferdebauch zu pendeln (Abb. 86).

Nun treten Sie an die linke Seite Ihres jungen Pferdes, etwa in Körpermitte, und legen behutsam den Sattel auf den Pferderücken. Liegt der Sattel dabei zu weit vorne, können Sie ihn, der Fellrichtung folgend, entsprechend nach hinten schieben. Liegt er zu weit hinten, müssen Sie ihn nochmals hochheben und neu auflegen; denn würden Sie ihn einfach nach vorne ziehen, würden die Fellhaare entgegen der natürlichen Richtung gebogen und jucken und scheuern.

Ordnen Sie nun sorgfältig die Satteldecke, weil Falten und

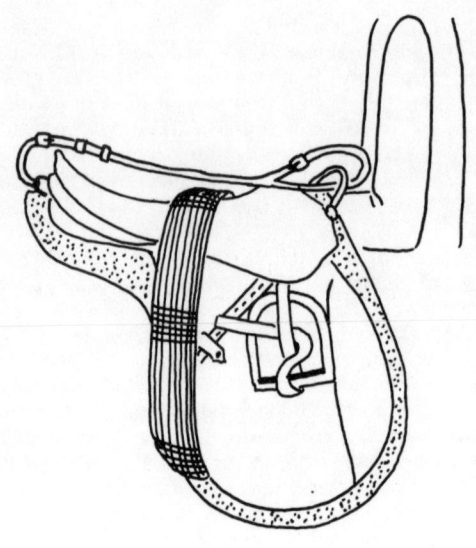

Abb. 86

Knicke drücken, also Schmerzen verursachen würden. Ziehen Sie die Satteldecke in der Kammer nach oben, so daß am Widerrist kein Druck entsteht.

Danach holen Sie den Bauchgurt vom Sattel. Beim ersten Satteln und bei besonders empfindlichen Pferden gehen Sie dazu auf die rechte Seite und legen den Gurt vorsichtig nach unten – gleichzeitig können Sie kontrollieren, ob die Satteldecke auf dieser Seite korrekt sitzt –; bei älteren, das Satteln gewöhnten Pferden, lassen Sie den Bauchgurt, links stehend, langsam rechts herabgleiten.

Nun bücken Sie sich – wiederum oder immer noch links stehend –, packen den Bauchgurt und verschnallen ihn locker. Mit der flachen Hand streichen Sie unter dem Gurt die Haare glatt (Abb. 87). Keinesfalls dürfen Sie sofort fest angurten, das Pferd würde sich erschrocken verspannen. Nach wenigen Minuten schnallen Sie ein bis zwei Loch enger. Ihr Helfer kann derweil das Pferd mit Kraulen, Leckerbissen und freundlichen Worten ein wenig ablenken. Bei Pferden mit schwach ausge-

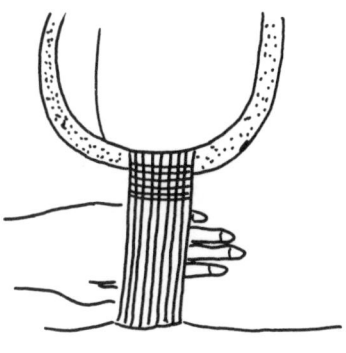

Abb. 87

prägtem, schwammigem Widerrist verhindert der Schweifriemen, daß der Sattel ständig nach vorne rutscht. Also legen Sie vorsichtig den Schweifriemen über die Kruppe. Stellen Sie sich dazu dicht an die Kruppe, heben mit der linken Hand den Schweif etwas hoch, legen mit der Rechten die Schweifmetze um den Schweifansatz und schließen die Schnalle. Achten Sie sorgfältig darauf, daß keine Schweifhaare eingeklemmt werden.
Sobald Ihr junges Pferd merkt, daß das Satteln keine Schmerzen verursacht, beruhigt es sich, und Sie können es ein wenig auf- und abführen und nach wenigen Minuten den Sattelgurt, wenn nötig, nochmals nachziehen. Es wird anfangs den Po (in der Fachsprache: die Hinterbacken) einziehen und einen Katzenbuckel machen, weil es Angst vor dem Ding auf dem Rücken hat, das so fest da oben liegt, am Schweif kneift und sich nicht abschütteln läßt. Wenn es also buckeln möchte, sich austoben will, lassen Sie es an der Longe ein wenig laufen. Lassen Sie es aber nie in der Bahn mit dem Sattel frei laufen, weil es sich hinwerfen könnte, um das Ding loszuwerden, oder an der Bande entlangscheuern, um es abzustreifen. Die Reparatur wird sicher teuer!
Erst wenn Ihr Pferd sich nicht mehr um den Sattel kümmert, können Sie die Bügel herunterschnallen und pendeln lassen – das ist eine gute Vorübung zum Reiten. Nach wenigen Übungsstunden hat sich Ihr Pferd an den Sattel und an das Satteln

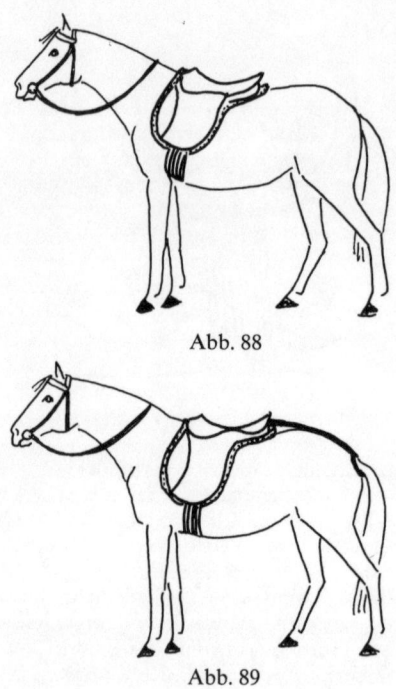

Abb. 88

Abb. 89

gewöhnt; es wird nun nie mehr Angst davor haben und jederzeit problemlos zu satteln sein.

Sollte Ihr Pferd dagegen immer heftiger auf das Satteln reagieren, müssen Sie nach den Gründen forschen. Drückt der Sattel, paßt er dem jungen Pferd vielleicht nicht, schafft auch eine dicke Satteldecke keine Abhilfe, sollten Sie sich nach einem anderen Sattel umsehen. Sind Satteldecke und Bauchgurt hart und verkrustet, drücken also am Körper, wird beides gewaschen, mehrere Male sorgfältig ausgespült und zuletzt großzügig mit Weichspüler wieder geschmeidig gemacht.

Liegt der Sattel zu weit vorn, so drückt er am Widerrist und der Bauchgurt scheuert bei jedem Schritt an den Ellenbogen (Abb. 88). Sie müssen unbedingt weiter hinten satteln und den Sattel dort mit einem Schweifriemen fixieren (Abb. 89).

Reibt der Schweifriemen am Schweifansatz, wird die Schweifmetze mit einem Fellrest abgepolstert. Schlagen Sie beim Satteln und Führen an der Hand – ich wiederhole es – stets die
Steigbügel hoch; sonst können die pendelnden Bügel Ihnen
gegen Rücken oder Arme schlagen, sich im Zaun verfangen
oder am Tor hängenbleiben. Dann springt ein Pferd zur Seite
und der Bügelriemen reißt.

Viele Reiter verschnallen beim Satteln zuerst den Schweifriemen, weil sie dann den Sattel noch bequem zurechtrücken können, und danach erst den Bauchgurt. Aber wenn Ihr Pferd
plötzlich erschrickt, bevor der Bauchgurt den Sattel einigermaßen festhält, bleibt der nun rutschende Sattel am Schweifriemen
hängen. Jetzt schlägt er dem entsetzten jungen Pferd gegen
Beine und Hinterteil – Sie können über Jahre hinaus Ihr Pferd
nur noch mit Mühe satteln.

Zum Schluß noch ein Rat, der für alle Ledersachen gilt. Lassen
Sie nie das kostbare Sattel- und Zaumzeug irgendwo bei den
Pferden unbeaufsichtigt herumliegen. Pferde, vor allem Fohlen
und Jährlinge, sind überaus neugierig. Sie scharren mit den
Hufen am Leder, bleiben darin hängen und zerren im Davon-
laufen das kostbare Lederzeug durch den Schmutz. Oder der
Sattel wird angeknabbert und herumgezogen und der Sattel-
baum zerbricht. Die Reparaturen sind teuer, und es muß wirklich nicht dazu kommen.

Legen Sie also alle Leder- und Putzsachen außer Reichweite
der Pferde!

Gewöhnen an das Reitergewicht

Auch wenn Ihr Pferd bereits gelegentlich einen Sattel trug,
können Sie sich nun nicht einfach auf seinen Rücken setzen und
losreiten; das hieße das Pferd überfallen. Denn beim ersten
Erschrecken, beim angstvollen Buckeln würde der Reiter an
den Zügeln ziehen (= Schmerzen im Maul), krampfhaft die
Beine anklemmen (= Druck am Körper) und bei den ersten
Sätzen ihm in den Rücken plumpsen (= Schmerz im Rücken).

So wird das Pferd ans Reitergewicht nicht gewöhnt, sondern es
wird verprellt; alle weiteren Versuche sind nun noch schwieriger, und es dauert lange, bis ein so geschocktes Pferd wieder
Vertrauen zu Ihnen hat.

Auch wenn viele junge Pferde das plötzliche Aufsitzen eines Reiters mit Gleichmut hinnehmen, sollten Sie dennoch sehr vorsichtig sein und lieber den sichersten, mildesten Weg wählen.

Schon im Fohlenalter bereiten wir unsere jungen Pferde auf ihre spätere Aufgabe als Reit- oder Fahrpferd vor. Beim Putzen lehnen wir uns gelegentlich über den Pferderücken. Und beim Heranwachsenden ergibt sich immer wieder die Gelegenheit, sich über den Rücken zu beugen (Ausnahme: sehr große Fohlen), dabei mit ihm zu reden, es zu streicheln und zu loben.

So verliert ein Jungpferd die Angst vor dem «Bedrohlichen», das sich über den Rücken beugt.

Wenn es als Handpferd mitläuft, gewöhnt es sich schnell an die Beine des Reiters, die immer wieder gegen seinen Bauch, seine Beine pendeln. Bereits da wird die Berührung als treibend empfunden, und es geht fleißig vorwärts.

Wichtig: Das Handpferd muß mal rechts, mal links gehen, um die Reiterbeine, die Stimme, das Zupfen an den Zügeln von beiden Seiten kennenzulernen (s. Kapitel «Mitlaufen als Handpferd»).

Was im Fohlenalter nur ein Darüberbeugen war, wird jetzt zum Belasten des Rückens. Nun kann sich ein leichtgewichtiger Reiter über den Rücken *legen* (immer noch ohne Sattel), die Beine nach der linken, der späteren «Aufsitzseite», den Oberkörper nach rechts. Dabei kraulen und streicheln die Hände eifrig (Abb. 90). Das kann man bei kleinen ruhigen Pferden

Abb. 90

inmitten der Herde machen: mal eben über den Pferderücken legen, sich einige Schritte mittragen lassen, wieder hinuntergleiten. Nun wiederholt man das auch von der anderen Seite; so lernt das Pferd, daß von keiner Seite Gefahr droht. Bei übersensiblen oder hochblütigen und vor allem bei großen Pferden ist ein einfaches Darüberlegen nicht möglich. Zum einen kann man ohne Hilfsmittel nicht auf sanfte Art aufsitzen; zum anderen könnte ein sensibles Pferd den über dem Rücken Liegenden hinunterbuckeln. Zwar kann der «Reiter» dann schnell hinabgleiten, zumal beide Beine auf einer Pferdeseite baumeln, gefährlich bleibt es trotzdem, weil das erschrockene Pferd nach dem furchterregenden «Gegenstand» ausschlagen kann.

Deshalb legen Sie bei einem größeren, vermutlich empfindlichen Pferd gleich Trense und Sattel auf und longieren es ein wenig oder arbeiten es auf andere Art. Wichtig ist, daß es ruhig bleibt und auch Sie nicht nervös an die neue Aufgabe, das Aufsitzen, denken.

Sicher gibt es nun viele Methoden des ersten Aufsitzens; zwei davon will ich hier kurz schildern, weil sie besonders einfach und behutsam sind:

1. Erstes Aufsitzen auf einem Handpferd. Ging Ihr junges Pferd bisher als Handpferd, soll es auch als Handpferd seinen ersten Reiter tragen lernen. Es fühlt sich in Gesellschaft seines Weide- und Arbeitsgefährten ruhig und sicher und wird gelassen bleiben, wenn auch sein Kamerad sich nicht aufregt. Bitten Sie einen Freund, der Ihre Pferde kennt und mit ihnen umzugehen weiß, den Lehrling vom Reitpferd aus als Handpferd zu führen.

Der erste Reiter soll der sein, der dem jungen Pferd vertraut ist, es füttert und pflegt, also Sie selbst. Eine fremde, wenn auch vielleicht leichtgewichtige und reiterlich perfekte Person ängstigt den Lehrling zusätzlich. Wenn Sie von der üblichen, also linken Seite aufsitzen wollen, soll der Lehrling *links* neben dem Reitpferd gehen. Sonst kann er rechts gehen, und Sie sitzen rechts auf.

Zunächst jedoch müssen Sie in aller Ruhe noch einmal nachgurten, damit der Sattel beim behutsamen Aufsitzen nicht rutschen kann.

Dann packen Sie – Sie steigen von links auf – mit der linken Hand die Mähne, stellen den linken Fuß in den Steigbügel und

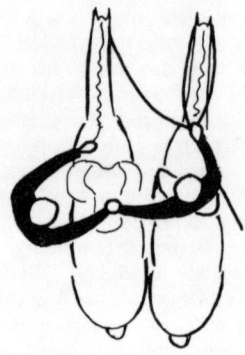

Abb. 91

stoßen sich vom Boden ab. Der Reiter des Führpferdes kann nun Zügel und Führzügel in die rechte Hand nehmen; und indem er mit seiner freien Linken Ihre Rechte ergreift, hilft er Ihnen hoch (Abb. 91). Nun gleiten Sie vorsichtig in den Sattel, sitzen locker und entspannt (denken Sie an etwas Erfreuliches, oder pfeifen Sie ein Lied). Weil Sie zunächst keine Zügel in den Händen halten, können Sie sich, wenn nötig, am Sattel festhalten.

Das Handpferd wird sich dabei ängstlich an das Reitpferd drängen, wird wegspringen wollen oder buckeln. Sie haben beide Hände frei – Sie können sich festhalten und das Pferd am Hals klopfen. Sie brauchen sich nur auf Ihren Sitz, Ihre Balance zu konzentrieren, weil das Handpferd ja von einem anderen Reiter aus gehalten und geführt wird. Die Nähe, Ruhe und Gelassenheit des Lehrpferdes wirkt stark beruhigend auf den Neuling, der bald im Schritt und Trab und später Galopp nebenherlaufen wird.

Nach drei, vier Tagen können Sie die Zügel selbst in die Hand nehmen und neben und später hinter dem Führpferd herreiten.

2. *Erstes Aufsitzen ohne die Nähe anderer Pferde.* Etwas schwieriger und mitunter auch langwieriger wird das erste Aufsitzen ohne die beruhigende Nähe anderer Pferde.

Bitten Sie einen Freund um Mithilfe. Zwar kann man den Lehrling irgendwo festbinden, um alleine das Aufsitzen zu üben. Aber bei unvorhergesehenen Schwierigkeiten ist es immer besser, einen Helfer in der Nähe zu wissen, der ohne viel Worte zupacken kann.

Dieser Helfer hat in den Hosen- oder Jackentaschen Leckereien. Sie glauben gar nicht, wie sehr Leckereien ablenken: in der Schmiede, beim Tierarzt oder hier beim ersten Aufsitzen ersparen Sie sich manchen Machtkampf, manche unnötige Auseinandersetzung.

Ihr Helfer, den das Pferd schon kennt und akzeptiert, hält es nun an einem Führriemen, der durch beide Gebißringe gezogen ist (so übt der Riemen Druck auf das Kinn aus). Er spricht freundlich mit ihm, streichelt und lobt es und hat die Leckereien griffbereit. Man kann nicht erst nach einer Tüte langen und etwas heraussuchen, wenn die Situation es erfordert; man muß die Leckerei *sofort* ins Pferdemaul schieben können.

Während Ihr Pferd vom Helfer ein wenig abgelenkt wird, stellen Sie sich dicht neben das Pferd. Nun packen Sie mit der linken Hand in die Mähne, mit der rechten an den Sattel; stellen Sie den linken Fuß vorsichtig in den Steigbügel und wippen ein paar Zentimeter vom Boden ab (Abb. 92). Wird das junge Pferd dabei unruhig, klopft der Helfer ihm ablenkend den Hals oder reicht eine Leckerei. Dann wird dieses zur Gewöhnung noch einige Male geübt. Nun ziehen Sie sich hoch und legen den Bauch auf den Sattel; so ist das Reiterge-

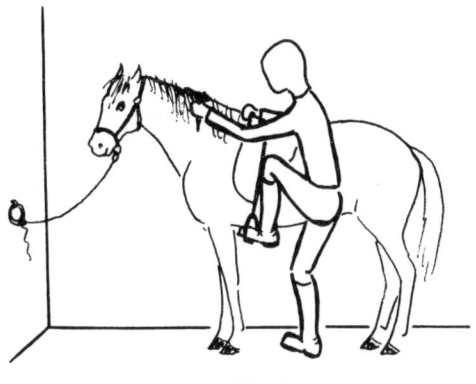

Abb. 92

wicht gleichmäßig auf beide Pferdeseiten verteilt, und falls das Pferd plötzlich buckelt oder seitwärts wegspringt, verlieren Sie nicht die Balance.

Üben Sie das auch von der anderen Seite und erlauben Sie dem jungen Pferd, den Kopf nach hinten zu drehen und an Ihnen zu schnuppern. Es will wissen, was so schwer auf dem Rücken liegt, wird Sie erkennen und beruhigt weiter stillstehen.

Und nun heben Sie vorsichtig – wieder im linken Steigbügel stehend – das rechte Bein über den Sattel, ohne den Rücken zu berühren und stellen den Fuß in den rechten Bügel. Sie loben Ihr Pferd jetzt, klopfen es am Hals und nehmen dann vorsichtig die Zügel auf; die Beine dürfen sich nicht an den Pferdebauch klemmen: das Pferd will dem Druck ausweichen, wird aber festgehalten und fängt an zu buckeln oder zu steigen.

Nun lassen Sie Ihr junges Pferd wieder schnuppern, lassen ihm Zeit, sich an die neue Situation, das Gewicht im Sattel, die Reiterstimme von oben zu gewöhnen.

Setzen Sie sich bequem und entspannt, aber doch leicht in den Sattel, die Beine vom Pferdebauch weggestreckt. Loben und klopfen und lassen Sie das Pferd eine Weile ganz ruhig stehen. So lernt es, beim Aufsitzen ruhigzubleiben und solange stillzustehen, bis der Reiter das Kommando zum Anreiten gibt.

Was in Cowboy-Filmen so großartig wirkt, nämlich ein Pferd, das bereits losgaloppiert, wenn der Reiter noch nicht richtig im Sattel sitzt, ist im Reiteralltag eine Katastrophe – und dies wird durch Hast und Ungeduld bei den ersten Aufsitzübungen dem jungen Pferd anerzogen.

Ihr Pferd dagegen soll lernen, daß Aufsitzen nichts Bedrohliches ist und nichts mit Eile, Hektik und Unruhe zu tun hat.

Zu Anfang korrekt angelernt, wird es sein Leben lang ein angenehm zu sattelndes, leicht zu reitendes Pferd sein.

VI. Einreiten des jungen Pferdes

Nun hat Ihr Jungpferd so viel gelernt, daß das Einreiten kaum noch Schwierigkeiten bringt, wenn es genauso sachverständig und mit der gleichen Geduld gelehrt wird und Sie als guter Reiter bereits etwas davon verstehen. Wenn Sie dagegen mit Ihrem so geduldig angeleiteten Jungpferd jetzt einfach losreiten, können Sie die viele Arbeit, die jahrelange Mühe mit einem Schlag zunichte machen.

Deshalb müssen Sie genau überlegen, was jetzt kommt:
Wann, durch wen, wo soll das junge Pferd eingeritten werden? Und was soll es lernen?

Wann soll Ihr junges Pferd eingeritten werden?

Kein junges Pferd sollte vor dem vollendeten 3. Lebensjahr eingeritten werden (ein Isländer, als besonders spätreife Rasse, nicht vor dem 5. Lebensjahr; alle im folgenden genannten Altersangaben sind für Isländer entsprechend zu erhöhen).

Rennpferde, die bereits als Zweijährige unter dem Reiter Leistung erbringen, sind eine Ausnahme: Durch jahrhundertalte Zucht und spezielle Fütterung sind die Vollblüter auf diese Aufgabe vorbereitet, können sie solche Leistungen bereits vollbringen. Kommerzielle Gründe spielen eine Rolle, daß sie so früh eingesetzt werden, und wenn sie verbraucht sind, werden sie eben geschlachtet.

Wir aber wollen unsere Pferde über viele Jahre nutzen und uns an ihrer Gesundheit und Leistungsbereitschaft freuen. Deshalb gilt – noch einmal – die allgemein über Generationen bekannte und bewährte Regel:

Kein Jungpferd sollte vor dem 3. Jahr angeritten werden. Selbst Vierjährige sind noch nicht ausgewachsen und müssen schonend auf die neue Aufgabe, die Belastung des Rückens, der Knochen und Sehnen vorbereitet werden. Beim Militär galten so junge Pferde als Remonten, die lange Jahre sehr schonend auf ihre spätere Aufgabe vorbereitet wurden, dann aber auch infolge dieser Schonung in der Jugend bis zum hohen Alter leistungsstark blieben. Was über Generationen für gut befunden, sollten wir nicht mit einem «Ach was» abtun. Kein Pferd ist vor dem 6. Lebensjahr völlig ausgewachsen. Ein Pferdejahr entspricht bis zu diesem Alter etwa 5 Menschenjahren: das heißt ein Jährling kann mit einem fünfjährigen Kind verglichen werden, ein Zweijähriger mit einem Zehnjährigen.

Welcher Vater würde sein «zweijähriges Fohlen», seinen zehnjährigen Sohn körperlich hart arbeiten lassen? Auch wenn der Junge noch so gut genährt ist, noch so kräftig aussieht?

Die Knochen eines Kindes sind weich, das weiß jedermann. Die eines Jungpferdes sind es auch. Werden sie zu früh belastet, müssen sie das Gewicht eines Reiters tragen, ehe Sehnen und Gelenke elastisch und widerstandsfähig geworden sind, werden sie für immer geschädigt. Wer weiß, woran diese Tiere dann in den nächsten Jahren erkranken?

Auch wenn Ihnen der Verkäufer versichert, daß Ihr Jungpferd mit viel Hafer, Vitaminpräparaten und auf besten Weiden gesund aufgewachsen und besonders frühreif sei; auch wenn er schildert, wieviele seiner Fohlen bereits zweijährig ohne Schäden geritten wurden (wer kann schon ins noch lebende Pferd schauen?); und auch wenn Ihnen Ihr eigenes Zweijähriges schon kräftig entwickelt und erwachsen vorkommt – bleiben Sie bei der bewährten Regel:

nicht vor drei Jahren anreiten, danach zwei Jahre schonend arbeiten, dann die Leistung langsam steigern. So haben Sie die Gewähr, ein leistungsfähiges Pferd mit gesundem Charakter für viele Jahre reiterlicher Freuden zu besitzen.

Denken Sie bei allem daran, daß Sie ja kein «Wegwerfpferd» gekauft haben, sondern ein Familienmitglied, von dem Sie hoffen, daß es bei Ihnen mindestens zwanzig Jahr bleiben kann. Jede Mühe in der Jugend bringt reichlich Gewinn über die langen gemeinsamen Jahre.

Durch wen soll Ihr junges Pferd angeritten werden?

Wer soll Ihr Pferd anlernen? Sie selbst vielleicht? Denken Sie immer wieder daran, daß Sie Ihr Pferd über lange Jahre behalten wollen. Scheuen Sie nicht die Kosten, die durch einen guten Ausbilder, eine gute Ausbildung gegebenenfalls entstehen.

Wenn Sie selbst im Laufe der Jahre viel Reiter-Erfahrung sammeln konnten, dürfen, ja sollen Sie Ihr Pferd selbst anlernen; es wird unter Ihnen, den es ja als Betreuer, als zuverlässigen, geliebten Pfleger kennt, sicher williger arbeiten als unter fremden Personen. Können Sie selbst noch zu wenig, um sich an das nicht einfache Anreiten zu wagen, sollten Sie Ihr Pferd vom Fachmann anlernen lassen.

In Fachzeitschriften bieten Einreiter ständig ihre Dienste an. Fragen Sie auch im Bekanntenkreis und hören Sie sich um, wessen Pferd wo ausgebildet wurde.

Schauen Sie sich jedoch unter allen Umständen den Betrieb des Einreiters genau an. Sehen Sie ein wenig zu, wenn er mit Lehrpferden übt. Wird dort geschrien, sehen die Tiere schlecht aus oder werden sie gar geprügelt, dann ist dies nicht Ihr Einreiter!

Suchen Sie weiter, es gibt auch andere. Nehmen Sie eine weite Anreise in Kauf. Der beste Ausbilder, die solideste Ausbildung sind gerade gut genug für Ihr kostbares Pferd.

Lassen Sie sich erklären, was nun mit dem Lehrling geschieht. Bleiben Sie mißtrauisch, wenn Ihnen gar zuviel versprochen wird. Ein junges Pferd soll nicht in vier Wochen Gewaltkur A-Dressur-fertig sein (damit werben so viele Ausbilder!).

Schauen Sie bei der Ausbildung so oft wie möglich zu; denn später wollen Sie ja im gleichen Stil weiterarbeiten. Auch wenn Sie *nur* Freizeitreiter sein und bleiben wollen, müssen Sie mit Ihrem Pferd doch in jeder Situation zurechtkommen, zumal wenn Sie sich ja ausschließlich draußen, also in freier Natur, in Feld und Wald und im Straßenverkehr bewegen.

Wo soll Ihr junges Pferd angelernt werden?

Wo Ihr Pferd angelernt wird, richtet sich danach, wer es macht. Geben Sie es in die Obhut eines guten Ausbilders, entscheidet dieser auf Grund seiner Erfahrung, wo das Pferd angelernt wird: ob die Abgeschlossenheit einer Halle oder die Freiheit der offenen Bahn besser ist.

Wollen Sie Ihr Pferd selbst zureiten, brauchen Sie einen Platz mit weichem Boden. Das kann eine abgeteilte Koppelecke sein oder ein Sandplatz. Wichtig bleibt, daß der Boden für die Pferdebeine weich federt und auch einen herabfallenden Reiter noch sanft auffängt. Ebenso wichtig ist eine stabile, hohe Einzäunung, damit ein plötzlich reiterloses Pferd nicht auf die Straße laufen kann. Wenn möglich soll der Platz abseits vom Verkehr und von vorbeigehenden Spaziergängern und deren «guten Ratschlägen» liegen: Beides kann ungemein ablenken und Reiter wie Pferd völlig durcheinander bringen.

Wenn Sie jetzt noch einige gute Reiter samt Pferden kennen, die Ihnen helfen (z. B. vornauf reiten), haben Sie ideale Voraussetzungen für die erhoffte gemeinsame beglückende Zukunft.

Was soll das junge Pferd lernen?

Ganz gleich wozu Sie später Ihr junges Pferd benutzen wollen, eines soll es jetzt sicherlich nicht werden: nämlich in 4 Wochen turnierfertig!

Ein junges Pferd braucht Monate, um unter dem Reiter gelöst und im Gleichgewicht zu gehen. Die Rückenmuskeln, die zum Tragen von Gewicht nötig sind, können sich nur langsam über Wochen bilden, ebenso die Beinmuskeln.

Stellen Sie sich vor, Sie wollten in vier Wochen an einem Schwimmwettbewerb teilnehmen, obwohl Sie vor Jahren zum letztenmal im Schwimmbad waren. Sie müßten also jetzt plötzlich jeden Tag schwimmen und in den vier Wochen ein hartes Trainingsprogramm absolvieren. Sicher könnten Sie sich vor Muskelkater kaum noch normal bewegen und vor Müdigkeit kaum noch schlafen – Sie wären ein Nervenbündel. Nur Ihr Ehrgeiz könnte Ihnen helfen, diese harten vier Wochen durchzustehen.

Ihrem jungen Pferd ergeht es noch schlimmer, weil es die neue Aufgabe nicht kennt und deren Sinn nicht versteht!

Deshalb sollte das Anreiten auf sanfte Art, langsam, mit vielen «Denkpausen» und in kurzen Übungsstunden geschehen. Viel Wiederholungen helfen dem Pferd verstehen. Nur so bauen Sie ein Pferd langsam auf, nur so bleibt einem jungen Pferd genug Zeit, sich seine Aufgaben in kleinsten Schritten einzuprägen.

Darauf kann der Ausbilder natürlich nur Rücksicht nehmen, wenn Sie keine Wunder erwarten und keine hochgesteckten Ziele haben.

Vereinbaren Sie eine Ausbildung in drei Etappen, die etwa so abgesprochen werden können:

1. Etappe: Das 3jährige Pferd lernt innerhalb von 2–3 Wochen einen Reiter im Schritt, Trab und Galopp tragen und auf Kommando und leichtes Zupfen an den Zügeln halten.
Es geht diese Gangarten auch alleine, also ohne Führpferde.
Nun können Sie zu Hause ein- oder zweimal in der Woche in der Art reiten, wie es der Einreiter Ihnen zeigte. So kommt Ihr Jungpferd langsam, behutsam in Kondition.
Wenn Ihnen das Können Ihres Pferdes noch nicht genügt oder Sie bestimmte Ziele verfolgen (z. B. Turniere), kommt die
2. Etappe: Das mindestens 3¹/₂jährige, besser noch 4jährige Pferd kann nun auf Hackamore geschult oder auf leichte Dressuraufgaben vorbereitet werden.
Wer nun Turnierambitionen hegt, kann in der
3. Etappe: sein 5jähriges Pferd in Dressur und Springen turnierfertig ausbilden lassen.
Bedenken Sie aber, daß auch Ihre Ausbildung mit der des Pferdes Schritt halten muß. Es ist nicht damit getan, ein bestens ausgebildetes Pferd zu besitzen . . . und es dann aus Unkenntnis in wenigen Wochen total zu verreiten.
Deshalb sollten Sie selbst bei jeder Ausbildungsetappe während der letzten Woche mit Ihrem Pferd weiterlernen. Es hat über zwei oder drei Wochen Neues gelernt, und in der vierten Woche üben Sie das nun zusammen mit Ihrem Pferd unter Anleitung des Ausbilders.
So lernen Sie Ihr Pferd verstehen und sich ihm verständlich machen. Viele schöne gemeinsame Jahre warten auf Sie! Sehen Sie nur, wie hier Lady – ungesattelt und nur mit dem Stallhalfter geritten – eine Dressuraufgabe zeigt. Ein Bild des Vertrauens und der Harmonie (Abb. 93).

Abb. 93

Foto-Serie: Die normale Fohlengeburt

Pferde sind ihrer Natur nach Herden- und Fluchttiere. So werden bei freilebenden Pferden die Fohlen im Schutz der Herde geboren; und wird eine Flucht notwendig, kann die gebärende Stute den Geburtsvorgang verzögern, ohne daß es ihr oder dem Fohlen schadet. Auch bei unseren domestizierten Pferden, vor allem den Ponys, zeigt sich ein Urinstinkt noch darin stark ausgeprägt, daß viele Stuten nur dann Fohlen, wenn sie sich vom Menschen unbeobachtet fühlen. Zum Glück verlaufen die meisten Fohlengeburten ohne Komplikationen, sofern die werdenden Mütter viel Bewegung an frischer Luft genießen, nicht zu üppig gefüttert und somit nicht steif und träge werden.

Ideale Geburtszeit sind die Frühjahrsmonate, weil dann die Fohlen ins frische Grün geboren werden und die Muttermilch besonders nährstoffreich ist. Aus wirtschaftlichen Gründen läßt man allerdings Vollblut- und Warmblutfohlen im Spätwinter geboren werden. Sie kommen dann in der Box zur Welt, wobei mitunter mehr Komplikationen auftreten als bei Freilandgeburten.

Die Trächtigkeitsdauer bei Pferden beträgt durchschnittlich 11 Monate. In den letzten Wochen schwillt das Euter sichtbar an. Einige Tage vor der Geburt sondern die Zitzen eine zunächst durchsichtige, dann leicht gelblich-zähe Flüssigkeit ab («Harztropfen»). Mit Einsetzen der Wehen wird die Stute zunehmend unruhig. Sie wandert umher, scharrt von Zeit zu Zeit mit den Vorderfüßen oder schaut sich nach dem Leib um – wie bei einer Kolik – und setzt oft nervös Kot und Urin ab. Wenn sich die Stute dann hinlegt (oft mehrere Male) und das Fruchtwasser abgeht, ist es soweit.

Die Fotoserie zeigt eine ganz normale Geburt. Verläuft die Geburt so, muß der Tierarzt nicht unbedingt gerufen werden. Kommt der Geburtsvorgang jedoch ins Stocken – z.B. falsche Lage des Fohlens, extrem großes Fohlen, total erschöpfte Stute –, ist schnelle tierärztliche Hilfe notwendig. Auch das Neugeborene kann noch Anzeichen vielfältiger Gefahren zeigen – z.B. falsch abgerissene Nabelschnur, keine Aufstehversuche, noch nach Stunden keine Sauglust u.a.

Jeder züchtende Stutenbesitzer soll sich deshalb rechtzeitig vor der Geburt über die möglichen Unregelmäßigkeiten und Gefahren unterrichten. Dafür sei das Buch: Dr. H. Ende «Die Stallapotheke» empfohlen. Es informiert über das Thema ausführlich und insbesondere mit zahlreichen praktischen Hinweisen.[*]

---

[*] 6. Auflage. Albert Müller Verlag, Rüschlikon-Zürich · Stuttgart · Wien. In jeder Buchhandlung erhältlich.

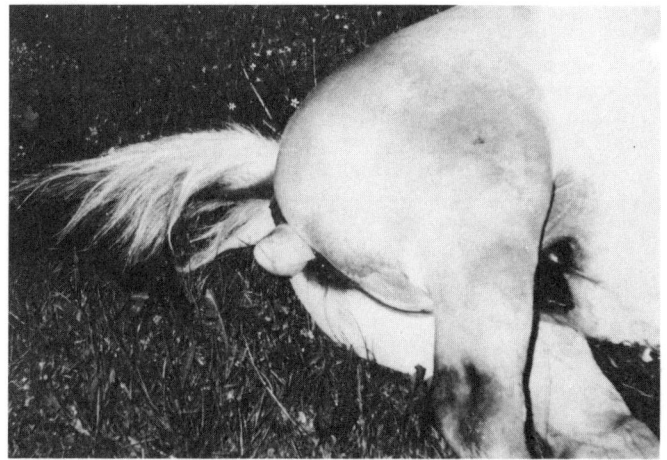

Abb. 94. Die Fruchtblase erscheint. Die Stute hat sich soeben hingelegt. Gleich steht sie wieder auf, frißt hastig einige Maulvoll und legt sich nervös wieder hin.

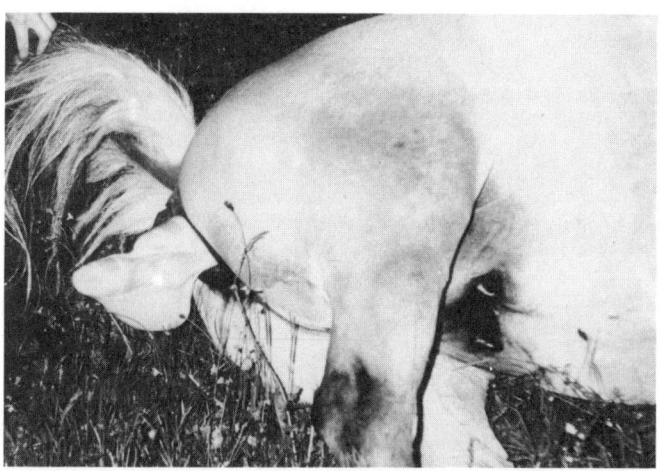

Abb. 95. Die Vorderbeine treten «vorschriftsgemäß» versetzt hervor, die Hufsohle mit dem Strahl zeigt zu den Sprunggelenken der Stute.

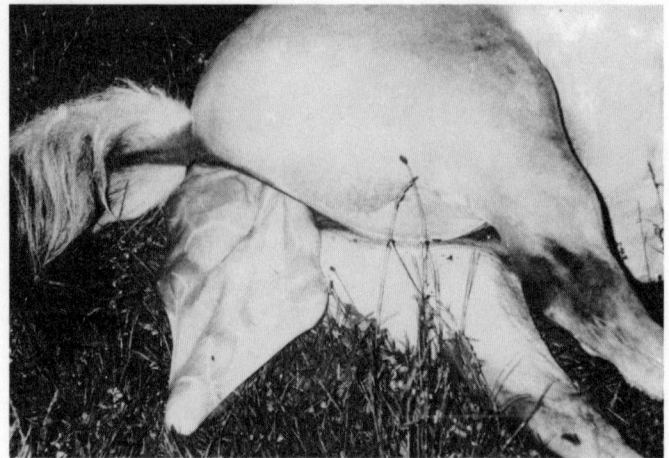

Abb. 96. Deutlich hier beide Vorderbeine und der darauf ausgestreckte fertig ausgetriebene Kopf – erkennen Sie die Ganaschen?

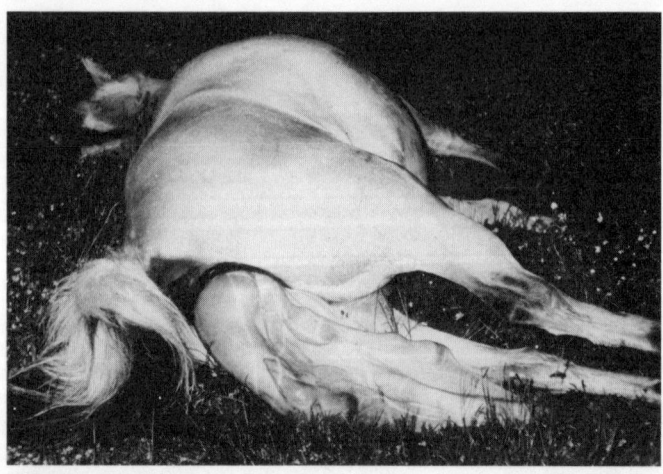

Abb. 97. Gleich ist der schwierigste Teil der Geburt vorbei. Die Vorderbeine und der Kopf sind geboren, und die Schulter passiert gerade die äußeren Geburtswege.

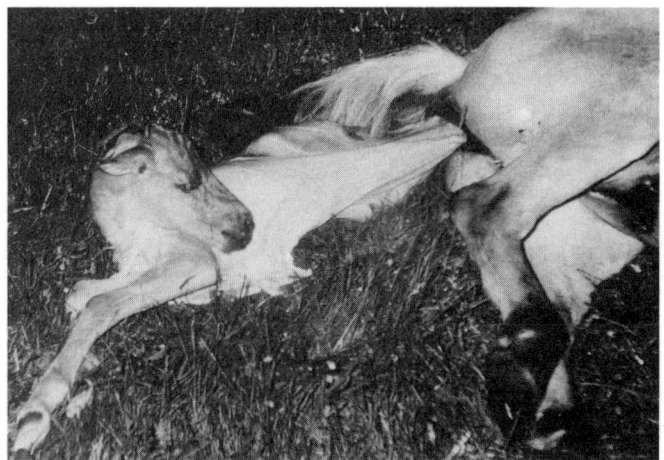

Abb. 98. Die Hinterbeine stecken noch im Mutterleib. Die Eihaut ist geplatzt, das Fohlen atmet. Die Ohren kleben noch am nassen Kopf, die Augen blinzeln. Jetzt holt die Stute Schwung (das angewinkelte Hinterbein!) und steht auf.

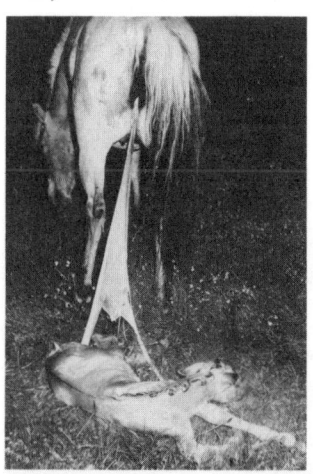

Abb. 99. Bei dem Ruck tritt das Fohlen endgültig aus dem Mutterleib. Die Eihaut ist vom Körper abgestreift. Links, wo sie noch Zug hat, ist die Nabelschnur. Rechts hängt ein zusammengezogenes Stück der Eihaut. Die Stute frißt nervös, das Fohlen versucht, den Kopf zu heben.

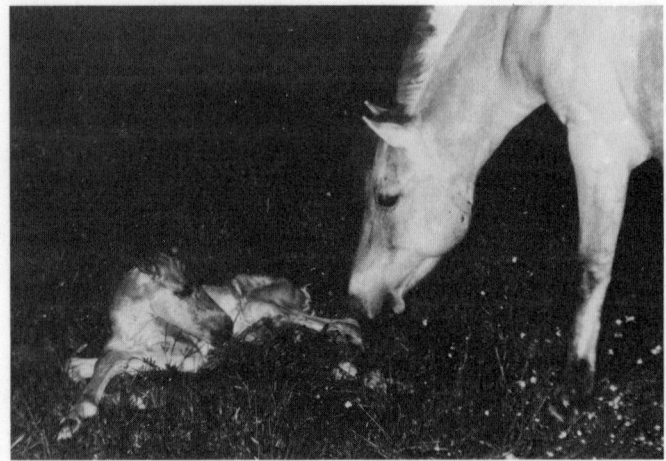

Abb. 100. Plötzlich dreht sich die Stute um, und die Nabelschnur reißt an der vorbestimmten Stelle. Gespannt schaut die Mutter auf das Neugeborene und schnuppert an ihm.

Abb. 101. Das Fohlen hat sich bequem zurechtgesetzt. Die Ohren sind aufgerichtet. Die Mutter leckt es unter lockendem Blubbern und zartem Gewieher ab.

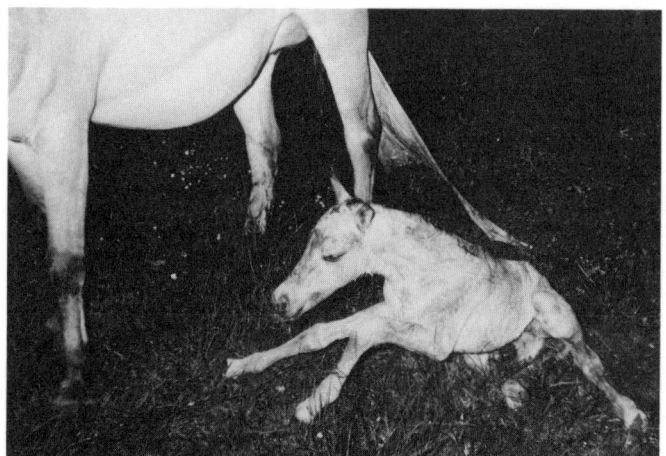

Abb. 102. Das Fohlen versucht, die Beine zu «sortieren». Inzwischen frißt die Stute hastig. Ihrem Leib sieht man die Anstrengung der Geburt noch an. Das Euter ist prall. Die Nachgeburt schleift noch nach, sie muß sich innerhalb maximal 2 Stunden nach der Geburt ablösen.

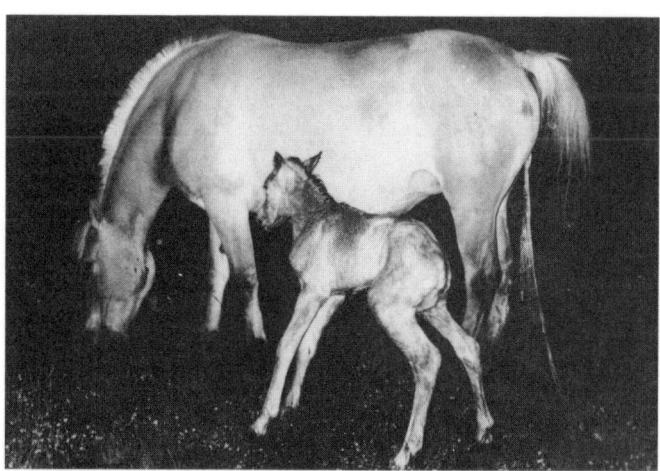

Abb. 103. Noch drei bis vier Mal fällt das Fohlen – aber immer schneller kommt es wieder auf die Beine. Zwischendurch grummelt es leise, und die Stute antwortet zart.

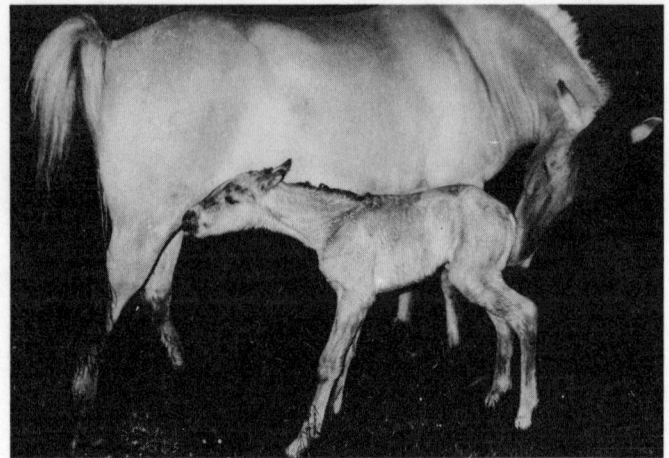

Abb. 104. Jetzt sucht das Fohlen die Milchquelle, schnobert zunächst zwischen den Vorderbeinen. Die Mutter schubst es sanft mit dem Kopf in die richtige Stellung. Das Kleine schmatzt bei der Suche laut, die Unterlippe begehrlich vorgeschoben.

Abb. 105. Schon am nächsten Tag marschiert das Kleine selbstsicher über die Wiese. Das Fell ist nun trocken und mollig. Das Darmpech (der erste Kot) geht gut ab.